国家社会科学基金重大委托项目资助出版

呼伦贝尔民族文物考古大系

HULUNBUIR ETHNIC CULTURAL RELICS AND ARCHAEOLOGY SERIES

新 巴 尔 虎 左 旗 卷

XIN BARAG LEFT BANNER

主 编

中国社会科学院考古研究所
中国社会科学院蒙古族源研究中心
内蒙古自治区文物局
内蒙古蒙古族源博物馆
北京大学考古文博学院
呼伦贝尔民族博物院
THE INSTITUTE OF ARCHAEOLOGY, CHINESE ACADEMY OF SOCIAL SCIENCES
MONGOLIAN ORIGIN RESEARCH CENTER, CHINESE ACADEMY OF SOCIAL SCIENCES
THE INNER MONGOLIA AUTONOMOUS REGION BUREAU OF CULTURAL RELICS
MONGOLIAN ORIGIN MUSEUM OF INNER MONGOLIA AUTONOMOUS REGION
SCHOOL OF ARCHAEOLOGY AND MUSEOLOGY, PEKING UNIVERSITY
HULUNBUIR NATIONAL MUSEUM

编辑委员会

名誉主任　陈奎元
主　　任　王　巍　孟松林
副 主 任　安泳锝　塔　拉
主　　编　王　巍　孟松林
副 主 编　刘国祥　白劲松
委　　员（以姓氏笔画为序）
　　　　　于　永　王大方　王海城　邓　聪　田广林　朱　泓
　　　　　刘　政　刘歆益　齐东方　沈睿文　张久和　张广然
　　　　　张自成　陈永志　杭　侃　赵志军　赵　辉　倪润安
　　　　　殷焕良　曹建恩

《新巴尔虎左旗卷》工作组

组　　长　刘国祥　白劲松
副 组 长　沈睿文　李　飏　殷焕良　图日巴图

成　　员（以姓氏笔画为序）
　　　　　马文轩　王小红　王　东　王东风　王　欢　王　苹
　　　　　王　岩　王　珏　王瑞昌　巴图孟和　长　福　卢亚辉
　　　　　刘小放　刘　方　刘泽婧　邢　锐　关　荣　张克成
　　　　　张征雁　张　婕　张　颖　宋艳春　陈凤山　陈天然
　　　　　陈桂婷　苏顺义　郁华良　郑承燕　易诗雯　其贺日勒
　　　　　呼德尔　庞　雷　顺布尔　哈　达　赵艳芳　宫玉凤
　　　　　洪　萍　通拉嘎　高洪才　唐　斌　黄义军　萨日娜
　　　　　程新华　裴　彦

呼伦贝尔民族文物考古大系

HULUNBUIR ETHNIC CULTURAL RELICS AND ARCHAEOLOGY SERIES

新巴尔虎左旗卷

XIN BARAG LEFT BANNER

主　编

中国社会科学院考古研究所　内蒙古自治区文物局　北京大学考古文博学院

中国社会科学院蒙古族源研究中心　内蒙古蒙古族源博物馆　呼伦贝尔民族博物院

文物出版社

CULTURAL RELICS PRESS

目 录 CONTENTS

序 言

蒙古民族是一个伟大的民族，具有悠久的历史和独具特色的文化。13世纪初，蒙古人在漠北高原崛起。1206年秋，成吉思汗及其子孙率领的蒙古铁骑几乎横扫整个欧亚大陆，在世界史上开创了一个蒙古时代，影响了欧亚大陆的政治文化格局。但是，蒙古民族也给中国史、世界史的研究留下了诸多未解的难题。其早期发展史，也因史料甚少、记载不详且考古资料零散，从而制约了相关研究的深入。

在蒙古民族形成之前，蒙古高原先后出现过东胡、匈奴、乌桓、鲜卑、柔然、契丹、室韦等部族。关于蒙古民族的起源有多种传说和假说，至今尚无准确定论。蒙古民族是在哪里兴起的？是如何形成和发展起来的？其文化经历了怎样的发展变化？何以一跃成为横跨欧亚大陆的蒙古大帝国？蒙古民族在历史上发挥了怎样的作用？这些问题是困扰中国史乃至世界史研究的重要课题。关于元朝历代帝王陵寝的地理方位与建制等问题，不仅是一道举世瞩目的世界性千古谜题，其研究的空白，也是当代中国考古学、历史学、民族学等诸多学科领域的一个巨大学术缺憾。

2012年8月，经中央常委批示，"蒙古族源与元朝帝陵综合研究"作为"国家社会科学基金重大委托项目"正式立项，为期10年。田野考古调查和发掘工作主要集中在呼伦贝尔地区展开，要求推出具有国际影响力的学术成果，为维护国家统一、民族团结与文化安全服务。

呼伦贝尔地域辽阔，河流众多，森林茂密，水草丰美。我国著名历史学家翦伯赞先生在《内蒙访古》中曾经写道："呼伦贝尔不仅在现在是内蒙的一个最好的牧区，自古以来就是一个最好的草原。这个草原一直是游牧民族的历史摇篮。""假如呼伦贝尔草原在中国历史上是一个闹市，那么大兴安岭则是中国历史上的一个幽静的后院"。

呼伦贝尔历史文化资源丰富，田野考古成果显著。经过考古工作者多年不懈的努力，在大兴安岭林区、呼伦贝尔草原及呼伦湖周围取得了一系列的重要考古发现，譬如相当于青铜时代晚期至铁器时代早期的石板墓、两汉时期的鲜卑墓、辽代契

丹族的文化遗存以及蒙元时期的城址等。特别是1998年由中国社会科学院考古研究所与呼伦贝尔民族博物院联合发掘的海拉尔区谢尔塔拉墓地，发现了一批9~10世纪的游牧民族的墓葬，有盖无底的葬具形制十分独特，出土的弓、箭、矛、马鞍和马衔等随葬品，具有浓郁的草原游牧民族文化特征。体质人类学的研究结果表明，谢尔塔拉人群在颅、面类型上与现代蒙古族最接近，基本上属于蒙古人种北亚类型。谢尔塔拉墓地的发现，为研究蒙古人在松漠之间的崛起，提供了首批经过科学考古发掘的实证资料，深受国内外学术界的关注，成为在呼伦贝尔地区研究蒙古族起源的重要基点。

当今世界学术发展的一个趋势是多学科的有机结合和相互渗透，通过方法论体系的创新，取得具有前沿性的学术成果。我们要在以往田野考古工作的基础上，紧紧围绕项目主题，通过周密规划，开展富有成效的田野考古调查、发掘及文化遗产保护工作，获取与蒙古族源相关的新的考古实证资料，科学构建蒙古史前史的框架，推动中国蒙古学的发展，开创国际蒙古学研究的新局面。

《呼伦贝尔民族文物考古大系》（10卷）作为"蒙古族源与元朝帝陵综合研究"项目中的重要子课题之一，将系统展示呼伦贝尔地区的民族文物考古成果，从文化遗产的角度揭示包括蒙古族在内的森林草原民族的生产、生活面貌和精神世界，为学术研究奠定基础，同时能够起到宣传与普及森林草原民族历史文化知识的作用，丰富和深化对中华民族多元一体格局的理论认识，在新的历史时期，必将有助于促进国家统一、边疆稳定和民族团结。

众所周知，蒙古族的形成与发展、蒙古族的历史与文化的研究是一个世界性的课题。我们真诚地希望全世界研究蒙古民族历史与文化的学者加强交流与合作，共同促进相关研究的深入，共同承担复原蒙古民族历史的任务，把蒙古民族与其他民族共同创造的历史画卷，越来越清晰地展现在世人面前！

中国考古学会理事长
中国社会科学院学部委员、考古研究所所长、研究员　　**王　巍**
项目首席专家

内蒙古蒙古族源博物馆馆长
呼伦贝尔民族历史文化研究院院长　　**孟松林**
项目首席专家

PREFACE

As a great ethnic group, Mongolian has a long history and unique culture. Mongolian rose up in the north of the Gobi desert at the beginning of the 13th century. Most of the Eurasia had been conquered by the strong cavalry led by Genghis Khan and his descendants since the autumn of 1206. The Mongolian times was inaugurated in the world history, and political and cultural structures of the Eurasia were affected. However, Mongolian had left many unsolved problems to us. Mongolian's early development is unclear because of the lack of historical documents and archaeological data, which limits further development of the related research.

Before the formation of the Mongolian, there were a number of ethnic groups successively living in the Mongolian Plateau, such as Donghu, Xiongnu, Wuhuan, Xianbei, Rouran, Qidan and Shiwei.There are many legends about the origin of Mongolian. Lots of hypotheses have been proposed, but no one is the final conclusion. Where did Mongolian rise up? How had it formed and developed? What kind of cultural changes has it experienced? Why did it establish a great Mongol empire in Eurasian steppe in a short time? What part did it play in the history? These issues are important in the research of Chinese history as well as world history. Also, the location and institution of the imperial mausoleums in Yuan Dynasty are globally concerned mysteries in the researches of archaeology, history and ethnology.

As a special entrusting project of NSSFC(The National Social Science Fund of China), the project of Synthetic Research of Mongolian Origin and Imperial Mausoleums in Yuan Dynasty was approved by Central Politburo Standing Committee of CPC in Aug. 2012. This is a major 10-year project. Most of the excavation and investigation have been done in the Hulunbuir area. Academic achievements with international influence have been demanded in order to serve national unification, ethnic unity, and cultural safety.

Hulunbuir is an expansive area consisting of rivers, forests and grasslands. As the descriptions in the book *Historical Visit in Inner Mongolia* written by the famous historian Jian Bozan, "Hulunbuir not only is the best pasture in Inner Mongolia, but also has always been the cradle of the nomadic peoples. If Hulunbuir grassland is a noisy city in Chinese history, the Greater Khingan Mountains will be a quiet backyard."

Hulunbuir is rich in historical and cultural resources and archaeological findings. Many important sites have been discovered in forest region of the Greater Khingan Mountains by diligent archaeologists, such as slab tombs dated to a period between the late Bronze Age and the early Iron Age, Xianbei tombs of Han Dynasty, Qidan remains of Liao Dynasty, and city ruins in the Mengyuan

period. For example, the Sirtala cemetery of nomadic people dated to the 9th to 10th century was excavated by the Institute of Archaeology, CASS and Hulunbuir National Museum in 1988 in Hailar District. The burials are characterized with bottomless wooden coffins. The funerary objects present strong nomadic style, such as bows, arrows, spears, saddles and gag bits. The study of physical anthropology showed that skeletons of Sirtala cemetery were closest in skull and face to modern Mongolian and basically belonged to Northern Asia Mongoloids. The discovery of Sirtala cemetery provided the first archaeological evidence for the research on rising of Mongolian in the grassland, which attracted attentions internationally and became an important base in the research of the origin of Mongolian in Hulunbuir area.

The multi-disciplinary study has become a trend for the development of science, which can contribute to academic achievements by making innovations in methodology. According to the theme of the project, archaeological excavations and investigations, and cultural heritage protection will be carried out in order to achieve new archaeological data on the origin of Mongolian, so that prehistory of Mongolian should be clearer, and Mongolian study in China will be promoted, and hopefully a situation of Mongolian study in the world will emerge.

As an important part of the project of Synthetic Research of Mongolian Origin and Imperial Mausoleums in Yuan Dynasty, These books, *Hulunbuir Ethnic Cultural Relics and Archaeology Series* (totally 10 volumes), will show all the achievements about ethnic cultural relics and archaeological study in Hulunbuir area to reveal the life and spiritual world of the peoples in forest and grassland including Mongolian from the perspective of cultural heritage. The books not only lay the academic foundations, but also contribute to popularizing the culture of peoples in forest and grassland, and deepen the theory that there is diversity in unity of the Chinese nation. This will contribute to the national unification, ethnic unity, and stability in border areas.

As we all know, the formation, development, history and culture of Mongolian are worldwide topics. We sincerely hope that all the scholars in the world who are interested in these topics will work together in order to restore the history of Mongolian and explore the contribution of the Mongolian to the human history.

Director of the Archaeological Society of China
Member of Academic Committee of CASS; Director of the Institute of Archaeology; Researcher **Wang Wei**
Prime expert of the project

Director of the Mongolian Origin Museum of Inner Mongolia Autonomous Region
Director of the Institute of National History and Culture of Hulunbuir **Meng Songlin**
Prime expert of the project

新巴尔虎左旗民族文物考古概述

刘国祥

白劲松

沈睿文

新巴尔虎左旗（简称"新左旗"）[1]位于内蒙古自治区东北部，呼伦贝尔市西南端，大兴安岭北麓，北纬47° 10′ ~ 49° 47′，东经117° 33′ ~ 120° 12′，处于中纬度地区。全旗总面积21634平方公里。东与陈巴尔虎旗、鄂温克族自治旗为邻，南与兴安盟阿尔山市接壤，西与新巴虎右旗相依——大致以呼伦湖为界，西北连接满洲里市，北与俄罗斯以额尔古纳河为国界，西南与蒙古国交界。边界总长311.24公里，其中中蒙边界全长215.06公里，中俄边界总长96.18公里。

新左旗介于大兴安岭和蒙古高原的过渡地带，属中温带大陆性季风气候，地势东高西低，地貌呈半月形，以低山丘陵为主，从东向西由中低山逐渐过渡为丘陵地型，与高平原接壤。低山丘陵山坡一般较缓。东南部为山地丘陵，中部为高平原，被河流切割成高差20~50米的波状起伏台地。北部海拉尔河一带为低山丘陵，南部为大兴安岭北麓山林区，多山，最高处为乌尔根乌拉山，海拔1573米。新左旗草原面积19400平方公里，草原面积辽阔，地势较平坦，草原类型多，牧草品种多。其中有效草场面积占草场总面积的92%。

早在一万年以前旧石器时代中、晚期，新左旗地区就有古人类"扎赉诺尔人"在此生活。公元前209年，东胡被匈奴族击败，属匈奴左贤王辖地。隋唐时，室韦及室韦都督府进行管辖。辽代，由乌古迪烈统军司（亦称"胪朐河统军司"）辖。金代，归东北路招讨司辖。成吉思汗统一蒙古高原后，右翼万户长木华黎统治，后为哈布图·哈萨尔封地，元代归岭北行省和林路辖。明朝时，特古斯铁木儿辖游牧地，后置海喇儿千户所等所辖。清朝雍正十二年（1734年），清廷自愿入籍的喀尔喀蒙古车臣汗部巴尔虎兵丁2984人移住呼伦贝尔地区，按索伦兵制，将其中2400人编为40佐，分隶左右两翼八旗，并任命左右翼总管和副总管。内分四旗，是军政合一的纯游牧旗，两翼放牧地大体在乌尔逊河和呼伦湖两岸。为区别于前两年移住呼伦贝尔地区的巴尔虎蒙古部，新移此地者称"新巴尔虎"，前移者称"陈巴尔虎"。由清政府军政处派统领一员进行统辖。

新左旗历史文化悠久，古迹众多。经过第三次全国文物普查工作，新左旗共发现不可移动文物98处（见后页图），而有些古代遗址分属不同时代。其中新石器时代13处，青铜时代到早期铁器时代7处，辽代24处，元代5处，清代18处，民国时期35处（抗战31处），余准确时代不详者3处。其中自治区级文物保护单位12处，旗级文物保护单位20多处[2]，具有较高的学术价值。上述遗址中又以此下遗址及所出遗物较为重要。

铜钵好赉遗址为新石器时代的重要遗存，位于甘珠尔苏木伊和呼热嘎查东北20.5公里，铜钵庙西北3.5公里，铜本好赉西侧，地势偏高，为一处古聚落址，面积为183416.20平方米，地表散落大量磨制石镞、石核、石叶、石刃、刮削器、端刮器以及石斧、石杵、石锤、石磨盘、石磨棒等，并发现少量的夹砂灰褐素面陶罐残片、数处灶坑及动物骸骨。在遗址中还发现十多座土坑墓，因风蚀大多已露出地表，葬式有单人直肢葬和屈肢葬两种，随葬品只有死者头部摆放的河蚌。

伊和乌拉古城西北遗址位于嵯岗镇伊和乌拉嘎查西1公里，海拉尔河西北1.2公里，为新石器时代及辽代遗址。几处沙带将该遗址连为一体，周长为1166.94米，地势凹凸不平，地表散落刮削器、石核、石刃、配珠等磨制石器，又可见夹砂褐色陶片、辽代篦点纹陶片等。

呼和诺尔遗址位于乌布尔宝力格苏木呼和诺尔嘎查西北5公里，呼和诺尔湖东北200米，呼和诺尔湖东岸台地，为一处新石器时代遗址。几处弧形沙带将该遗址连成一体，地表散落着大量磨制石器，主要有刮削器、石刃、石镞、石叶、石核等，初步推断为新石器时代的石器加工场，距今7000~5000年左右。在遗址还采集到新石器时代夹砂彩陶残片、辽代篦点纹灰褐色陶片、灰褐色素面陶片等。由此可知，辽代该遗址尚有人类活动。

今知新左旗至少有七处石板墓群，石板墓群规模大，分布范围广。一般认为，这批墓葬的年代为青铜时代到早期铁器时代。

伊和乌拉石板墓群位于嵯岗镇伊和乌拉嘎查西南13.5公里，海拉尔河西北1公里。伊和乌拉山北坡有23座石板墓，南坡下山丘处有15座，东南山丘处有21座，西山丘处有9座，西南山丘处有31座，共计99座石板墓。东南1.5公里处西吉嘎拉图山有64座，该墓群大小、形状不一，均为石头竖立摆设而成，长方形，大部分呈南北走向，少部分为东西走向，分布较有规律。南、北坡之间的山脉呈"人"字形，其西侧两端有人工堆砌的石堆似为阙，在"人"字两撇交汇处的山顶亦有一处大型的堆石，可见明显的焚烧痕迹，此与陈巴尔虎旗海德拉斯图石板墓群同，可能是在此举行烧（物）

[1] 新左旗辖二个镇（即阿木古郎镇、嵯岗镇）、五个苏木（即新宝力格苏木、乌布尔宝力格苏木、吉布胡郎图苏木、甘珠尔苏木、罕达盖苏木）、53个嘎查、七个社区。新左旗是一个以蒙古族为主体，多民族聚居的地区，包括汉族、满族、达斡尔族、回族、鄂温克族、鄂伦春族、锡伯族、苗族、土家族、俄罗斯族、朝鲜族等13个民族。

[2] 1939年5月4日爆发的诺门罕战役是世界上最早的一次大规模立体战争，历时135天。1991年，新左旗人民政府在诺门罕布日德苏木所在地建立了"诺门罕战争陈列室"。1995年，成为自治区文物保护单位。2002年，在诺门罕战役遗址发掘出日军防毒面具等战场遗物。2014年，诺门罕战役遗址陈列馆被国务院公布为第一批国家级抗战纪念设施名录。

满洲里市

伊和乌拉城址

伊和乌拉石板墓群

哈布特盖石

巴格乌拉石板墓群

新开湖石板墓群

拴马桩遗址

呼伦湖

克鲁伦河

新巴尔虎右旗

牙拉特宝龙城址

铜钵好赉遗址

甘珠尔庙遗址

新巴尔虎左

阿尔山庙遗址

巴嘎布哈城址

哈拉哈河578界桩北窑址

额布都格墓群

布哈陶拉盖城址

哈拉哈河北岸墓群

北

0   15   30   60   90   120

千米

额尔古纳市

额尔古纳河

陈巴尔虎旗

海拉尔河

海拉尔区

牙克石市

鄂温克族自治旗

日木图城址

呼和诺尔遗址

浩雅尔陶拉盖窑址

葬葬仪的遗留。

巴格乌拉石板墓群位于嵯岗镇伊和乌拉嘎查西南16.5公里，海拉尔河西北1公里，方圆681256.33平方米的范围内，共有70座石板墓，平面大多呈长方形，东西走向。巴格乌拉西北坡上墓葬比较集中，坡下远处较少。其中M1较为典型，该墓葬位于巴格乌拉山西北700米，地势平缓、开阔。墓葬平面呈长方形，东南至西北走向，长5.2米，宽4.3米。墓葬外围有直径18.7米呈半椭圆形的茔墙，墙体以石头筑成。墓葬正前方有八块立石头，呈西北至东南一字形排列，每块立石相隔约1米。最北端的立石个体最大，其地面四周可见白色石英岩，估计该立石处原来尚有一建筑。M1西侧有三组两两成组的白色石英岩石呈东南—西北方向将它与西侧的六座石板墓隔开。在该墓群中，M1规模最大，规格最高，墓主人的社会地位和身份应该比较特殊，具有重要的学术价值。

新开湖石板墓群位于嵯岗镇巴音乌拉嘎查西南20公里，哈达乃浩来湖东北1公里山坡上，分布有80座单体石板墓，形制均不同，平面呈长方形、四方形、圆形等，由石头竖立散摆而成。其中东侧一座墓葬长2.7米，宽2米，其四角各设一大石，此与其他墓制有异。

哈布特盖石板墓群位于嵯岗镇伊和乌拉嘎查西南6公里，海拉尔河西北1公里，毕鲁特墓葬群东北600米处，墓地面积16124.323平方米，共有25座石板墓，大小不一，平面均呈长方形，为南北走向。每座墓正东36～60米距离内都立有石碑（鹿石），石碑大小、高矮与石板墓立石相应。

1996年6月，在伊和乌拉西南一沙坑内发掘了两座鲜卑墓葬[3]。墓葬殉葬品为牛头骨、马头骨及牛蹄骨等，葬式为仰身直肢葬。该习俗与扎赉诺尔、拉布大林及伊敏河地区墓群的无葬具土坑墓同。在出土的四件陶罐中，有三件手制夹砂陶罐是呼伦贝尔地区鲜卑墓中常见的，余一件（M2:1）为轮制泥质侈口舌状唇壶，则在大兴安岭以南的兴安盟、通辽市等地区鲜卑墓中比较常见。两个不同地区鲜卑墓中的典型器物出土于同一墓葬中，体现了早期鲜卑不同区域间的文化交流。

甘珠尔花石棺墓群位于吉布胡郎图苏木甘珠尔花嘎查右岸台地的向阳坡上，1991年于此发掘了三座辽代石棺墓[4]，墓室均以天然石板垒砌成石棺葬具，在呼伦贝尔草原地区的辽代遗存中属首次发现。其中M2为小孩墓，葬具和人骨均被扰动。其他两座墓葬保存基本完好，出土遗物有陶器2件、铜手镯1件、石饰1件、桦皮器1件，还有纺织品、苇席等遗物。

[3] 呼伦贝尔盟文物管理站：《新巴尔虎左旗伊和乌拉鲜卑墓》，《内蒙古文物考古文集》第2辑，北京：中国大百科全书出版社，1997年，页453~456。

[4] 王成、陈凤山：《新巴尔虎左旗甘珠尔花石棺墓群清理简报》，《内蒙古文物考古》1992年1、2合刊，页101~105、112。

在甘珠尔花石棺墓群西南约1公里处有"甘珠尔花"古城，城内及周围地区经常出土辽金元各时期的陶瓷片及其他遗物。甘珠尔花石棺墓群的墓主很可能生前是该古城的居民。在墓群的西北，靠近乌尔逊河口处，1981年春曾发现元代"祥州站之印"。元祥州即辽祥州，地点在今吉林省农安县北30公里处，为元代中晚期东北地区交通枢纽站[5]。据调查，当时共出的还有紫铜印盒，出土时已腐烂糟朽，伴出的还有书籍一册。后来，在发现者认定的出土地点发掘清理出一些磁州窑瓷片、铜锅残片、一些桦树皮鱼漂和骨网坠等。"祥州站之印"的埋藏形式还值得进一步探讨。

额布都格墓群位于阿木古郎镇巴音敖包嘎查西南19公里处的半山坡，墓葬共15座，呈南北向排列，由于大风常年剥蚀，已将墓葬暴露于地表。其中有三座墓葬较为明显，一号墓长2.5米，宽1.2米；二号墓长2.7米，宽度2.5米；三号墓长3米，宽1.8米。2007年，清理和发掘了其中的五座墓葬，皆为南北走向土坑竖穴，仰身直肢葬。未发现任何陪葬物品，其年代待定。

新左旗境内已发现辽金元时期城址11座，其面积大小不一。

和日木图城址位于新宝力格苏木阿拉达尔图嘎查东北4公里，为辽代城址。其平面基本呈正方形，长360米，宽320米，周长为1360米。城墙基址较为明显，墙高2.5米，宽3.2米。有两座城门，东南门宽13米，向前突出一座瓮城，西北门宽13米。城中心北侧有三处房址。遗址遗迹保存状况较好，共计马面16处，城址四角均有一处，每道边墙各有三处马面，相距60米。北城墙外有一条护城壕，长70米，宽9米，深0.6米，南距北墙17米。城中心地带靠近北墙一侧有两处房址，相距30米。两座城门中心地带有一处房址，直径为12米，四处墙角均有角楼。在城内地表，散布有灰褐色泥制篦点纹陶罐残片。

布哈陶拉盖城址位于甘珠尔苏木巴音温都尔嘎查东南13公里、哈拉哈河北2.3公里处，为辽代城址。平面呈四方形，边墙长约196米，周长约785米；城墙基址较为明显，墙宽6米，高0.6米；东、西、南三面各有一座城门，其中南门宽15米，西门宽7米，东门宽9米。城中心北侧有一处居址和院落址。院落址周长为220米，墙体宽4.6米，高0.4米，院落址大门朝南开，门宽7米。居址长19.5米，高7.8米。居址前分布有一座居址，长10.5米，宽6米。该居址西北和东南方向40米处各有一房址。在遗址地表采集到琉璃瓦片等遗物。

[5] 程道宏：《呼伦贝尔史话》，呼和浩特：内蒙古文化出版社，2010年，页222~226。

牙拉特宝龙城址位于吉布胡郎图苏木好力宝图嘎查西南16.5公里、乌尔逊河西岸2公里处，为辽代城址。平面呈长方形，西南—东北走向。城墙长约260米，宽230米，周长约为983米，总面积54697.472平方米。城墙基址宽7米，高2米。因城址弃用已久，损坏严重无法辨别城门及马面。在城西北角发现一座圆形房址，城内采集到辽代陶罐及陶罐残片，并有北宋元丰通宝等钱币。

巴嘎布哈城址位于阿木古郎镇巴音敖包嘎查17公里、口岸东北3.5公里处，为辽代边防城。平面呈长方形，南北走向。城墙基址较为明显，东西长70米，南北宽40米，墙体宽1米。城址中心靠北侧有一座圆形房址，房址长11米，宽9米，高于地表1.7米。南城门保存较好，长5米，宽3米。未发现马面及其他城门。

伊和乌拉城址位于嵯岗镇伊和乌拉嘎查西南800米、海拉尔河西北70米处，为元代城址。平面呈正方形，城墙周长222.35米，面积4078.12平方米。地势北高南低，位于海拉尔河北岸，因河水常年冲击形成断崖面，仅南墙开一城门，面向东南方向，城门宽7.9米。城墙基址宽3.2米，残高5.9米。经仔细勘察，城内未发现住址，地表未发现实物标本。

新左旗已发现六处窑址，为了解当时陶瓷手工业提供了重要的实物资料。

浩雅尔陶拉盖遗址为一处罕见的辽代大型陶窑遗址，位于乌布尔宝力格苏木锡林贝尔嘎查东南3.5公里、沙巴尔河西侧300米处。窑址周长427米，2007年8月，村村通公路施工挖掘机取土时发现。次年10月，经文物部门抢救性发掘整理，采集到不同器形、不同纹饰的陶片以及少量的布纹青砖。陶罐外表装饰有篦点纹、波状纹、网格纹、乳钉纹、钱形纹等多种纹饰。窑口呈多个葫芦形状，口径为0.9米，腹径为1.6米。地面炭层厚0.8米。

哈拉哈河578界桩北窑址位于甘珠尔苏木巴音塔拉嘎查南8公里、额布都格口岸西北4公里处，额布都格中蒙边境578段防火道内，防火道长300米，宽150米。因防火道翻耕翻出大量青砖及瓦片残片，可采集到青砖及特殊纹饰的瓦片等。在哈拉哈河北岸，断定为两处窑址，两窑相距50米，因翻耕时破坏，已难以辨清窑址的性质。

新左旗还发现一处辽代水渠遗址，位于甘珠尔苏木巴音塔拉嘎查。水渠所在地势平坦，是引南部中蒙边界哈拉哈河之水北流，进行农田灌溉。水渠分为东、西两条，南端相隔约1公里，北端相隔约9公里，全长约30公里。渠宽约4米，深约0.4米。现水渠仅存长度不等的残段。

新左旗有九座寺庙遗址，其中多为清代藏传佛教寺庙，以甘珠尔庙和阿尔山庙最为著名。

甘珠尔庙（又称寿宁寺）历史悠久，是呼伦贝尔草原最大的藏传佛教寺庙。1771年，甘珠尔庙由清室拨银建庙，因乾隆皇帝亲笔撰写"寿宁寺"匾额而名寿宁寺。由于寿宁寺曾收藏过《甘珠尔经》，故又名"甘珠尔庙"。经嘉庆、道光、咸丰、同治及民国时期的补建、扩建而逐步形成11座庙宇、四座庙仓、一百多间伽蓝，总建筑面积一万多平方米的规模。后遭严重破坏，甘珠尔庙荡然无存，只剩一个庙门。2001~2003年进行了修复。甘珠尔庙全盛时期住有四千多名僧侣，在华北数千座寺庙中排列第16位，是呼伦贝尔草原宗教圣地和重要旅游历史景观。

阿尔山庙又称"延寿宝明寺"，是新左旗另一座著名的藏传佛教寺庙。1928年，由新巴尔虎左翼旗乌古尔达额尔钦巴图出资兴建。当时该庙主要以蒙医为主，治病救人。后同样受到严重破坏，主要庙堂被拆毁，只剩下一座药仓。1985年，将该药仓改建为庙堂，恢复宗教活动。该庙是新左旗仅存一处没有被完全损毁的寺庙[6]。

除了寺庙的礼拜供奉之外，祭敖包同样是蒙古民族盛大的祭祀活动之一。伊和乌拉敖包历史悠久，坐落在风景秀丽的大青山上，远近闻名。2003年，甘珠尔庙重修时，建立了新巴尔虎左旗旗敖包。2009年，按照当地牧民的意愿，又从全旗各嘎查祭祀地请来圣石、神土重新修建，并定于每年农历六月十八日是全旗敖包祭祀日。

按当地风俗，祭祀敖包仪式结束后，还会举行草原那达慕大会。因此，祭祀敖包时，巴尔虎蒙古人都会穿着传统的民族盛装。巴尔虎蒙古族服饰是巴尔虎蒙古族文化的重要组成部分，是我们了解蒙古族传统服饰风格、乃至生活方式的重要途径。

[6] 阿尔山庙原保留着清朝名将都古尔将军（1823~1889年）的墓碑。都古尔是呼伦贝尔新巴尔虎左翼正蓝旗乌日恭格苏木人（今乌布尔宝力格苏木），新巴尔虎哈拉宾氏。他一生征战直隶、山东、安徽、湖北、江西、山西、陕西、甘肃等12个省份，经历大小战斗215次，为清朝屡建战功。光绪十五年（1889年）于任内病故，终年67岁。其墓碑是光绪皇帝专为他所立，现已移至新巴尔虎左旗文物管理所。

SUMMARY OF ETHNIC CULTURAL RELICS AND ARCHAEOLOGY IN XIN BARAG LEFT BANNER

LIU GUOXIANG
BAI JINSONG
SHEN RUIWEN

Xin Barag Left Banner (47°10′~49°47′ N, 117°33′ ~120°12′ E) is located in the northeast of the Inner Mongolia Autonomous Region and in the north foothills of the Greater Khingan Mountains, adjacent to Chen Barag Banner and Ewenki Autonomous Banner in the east, Arxan City in the south and Xin Barag Right Banner in the west, covering approximately 21634 square kilometers, 19400 of which is grassland. Xin Barag Left Bannerner borders Russia in the north and Mongolia in the southwest. It is in the temperate continental monsoon climate zone, high in the east and low in the west. Also, there are many low hills in the region.

Ancient people such as Jalainur Man lived here 10 thousand years ago. It was under the rule of the prince of Xiongnu after the Donghu people was defeated by Xiongnu in 209 BC. In Sui and Tang period, it was governed by the Shiwei Area Command. Then it was administered by the Kherlen River Army Command of the Liao Dynasty, Bandit-suppression Commission of Northeastern region of the Jin Dynasty, Lingbei Province of the Yuan Dyansty and Hailar Battalion of the Ming Dynasty. 2984 Barag soldiers immigrated to the Hulunbuir area in 1734. They were called the Xin Barag people to be differentiated from the Chen Barag people who immigrated here in 1732.

There are a great number of cultural sites in Xin Barag Left Banner during its long history. 98 immovable cultural relics were discovered during the Third National Cultural Relics Survey. These sites belong to different periods, 13 Neolithic, 7 Bronze Age, 24 Liao Dynasty, 5 Yuan Dynasty, 18 Qing Dynasty and 35 the Republic of China (1912-1949). Among these, 12 are under the autonomous region protection and over 20 are under banner protection. The following sites and the artifacts unearthed from them are of great importance.

Tongbenhooli is located in the northeast of Ganjur Sum. As an important Neolithic site, stone arrowheads, cores, blades, knife-edges, scrapers, axes, pestles, percuteurs, rollers, saddle-querns, pottery shards, animal bones, as well as remains of stoves have been discovered here. More than 10 shaft tombs were exposed. Occupants in the tombs were buried in extended position and contracted position. There was no grave goods except for clams near the deceased's head.

The Yih uul City Northwest site is 1.2 kilometers to the northwest of the Hailar River. It was occupied during the Neolithic period and the Liao Dynasty. The site is united by several sand belts. Stone scrapers, cores, knife-edges, beads, brown clay tempered with sand and pottery shards with comb design of Liao Dynasty were scattered on the ground.

The Huhnvvr site is 200 meters away from the northeast of the Hulun Lake. It dates to the Neolithic period (7000-5000 BP). The site is united by a few crescent-shaped sand belts. It is possibly a place for manufacturing stone implements, to judge from the stone scrapers, knife-edges, blades, arrowheads and cores scattered on the ground. It is known that people lived here in the Liao Dynasty because of the painted clay tempered with sand and pottery shards with comb design discovered here.

There are more than 7 cist-tomb cemeteries in the banner. It is believed that they date from the Bronze Age to the early Iron Age.

The Yih uul cist-tomb cemetery is one kilometer from the northwest of the Hailar River. There are 23 tombs on the northern slope, 15 on the southern slope, 21 on the southeastern hill, 9 on the western hill, and 31 on the southwestern hill. Besides, 64 tombs are on the Barunjalt Mountains. Most of the tombs are rectangular and oriented north and south. There are piles of rocks between the southern slope and northern slope. To judge from the burning mark, they are possibly the place where funeral burning ceremonies were performed, similar to the Duundhailst cist-tombs in Chen Barag Banner.

The Bug uul cist-tomb cemetery is one kilometer from the northwest of the Hailar River. There are 7 tombs discovered here. Most of them are rectangular and oriented east and west. Tomb M1, the biggest tomb in Bug uul, is 5.2 meters long and 4.3 meters wide. A semi-oval-shaped stone wall encircles the tomb, with the diameter of 18.7 meters. 8 standing stones in front of the tomb were arranged orderly, from which we learn that originally there was a building. The enormous size suggests that the occupant of tomb M1 belonged to a high social class.

The Xinkaihu cemetery is located on the slope one kilometer from the northeast of the Hadnailhoolai Lake. There are 80 cist-tombs with different shapes such as circular, square, and rectangle. A tomb in the east was 2.7 meters long and 2 meters wide. It is unique since one stone was placed at each corner of the tomb.

The Habtgai cist-tomb cemetery is one kilometer from the northwest of the Hailar River, covering an area of 16124.323 square meters. It consists of 25 cist-tombs. They were all rectangular and oriented south and north but in different sizes. A stone tablet (deer stone) was placed to the east of each tomb. The size of the tablet was equal to that of the standing stones of each cist-tomb.

Two Xianbei tombs were excavated from a sandpit in southwest of Yih uul in June 1996[1]. The occupants were buried in extended supine position and bull skulls and horse skulls were buried together. This burial custom was also found in Jalainur, Labdalin and Yimin River area. Three of the four pottery jars unearthed from the tombs were common in Xianbei tombs in Hulunbuir. The other one (M2:1) was common in Xianbei tombs in Hinggan League and Tongliao City. The mixture indicates cultural communications between different areas of Xianbei in early period.

Ganjurhua stone coffin cemetery is located along the right bank of the Ganjurhua Gaqa. In 1991, three stone coffin tombs dated from the Liao dynasty were excavated[2]. The burial furniture was made of stone slabs, which was the first discovery in the remains of Liao dynasty in Hulunbuir. In addition, the occupant of tomb M2 was a child. The burial furniture and skeleton were disturbed. Two potteries, a bronze bracelet, a stone ornament, a birch bark vessel, cloth and rush mat were unearthed in

[1] Cultural Relics Station of Hulunbuir League, "Yih uul Xianbei Tombs in Xin Barag Banner ", *Cultural Relics and Archaeology in Inner Mongolia*, NO.2, Beijing, Encyclopedia of China Publishing House, 1997, pp. 453-456.

[2] Wang Cheng, Chen Fengshan, "GanjurhuaStone Coffin Tombs in Xin Barag Banner ", *Cultural Relics and Archaeology in Inner Mongolia*, NO.1&2, 1992, pp.101-112,105.

the other two tombs.

The Ganjurhua city site is one kilometer from the southwest of the Ganjurhua stone coffin cemetery. Pottery shards of Liao, Jin and Yuan dynasties and other artifacts were discovered in the site. The occupants of the Ganjurhua stone coffin tombs were likely to be the citizens of Ganjurhua city. In the spring of 1981, a seal bearing the inscription "Seal of the Xiangzhou Station" dated from Yuan dynasty was discovered in the northeast of the tombs[3]. A seal box, a book, porcelain shards of Cizhou kiln, fragments of a bronze pot, birch bark floats and net weights made of bone were also discovered here.

The Ebdeg cemetery is located on a slope 19 kilometers from the southwest of Bayan Oboo Gaqa. It consists of 15 tombs, all exposed to the ground and with south-north orientation. Tomb M1 is 2.5 meters long, 1.2 meters wide; tomb M2 is 2.7 meters long, 2.5 meters wide; tomb M3 is 3 meters long, 1.8 meters wide. Five tombs were excavated in 2007. Occupants in these tombs were in extended supine position and no burial goods was found. The date of these tombs is unclear.

Eleven city sites of Liao, Jin and Yuan periods have been discovered in the banner.

The Herbent city site of the Liao dynasty is 15 kilometers from the northeast of Aldart Gaqa of Xin Bolag Sum. It is 360 meters long and 320 meters wide. The height of the remaining city wall is 2.5 meters and the width is 3.2 meters. There are two gates. Three building ruins are in the north of the site. There are one barbican entrance, 16 horse-shaped defense installations, 4 watchtowers in the site and a moat out of the northern wall. Buff shards with comb design scatter on the ground.

The Buh tolgoi city site is 13 kilometers from the southeast of Bayan unduur Gaqa of Ganjur Sum. It is dated to the Liao Dynasty. The city is in the form of a square. Each wall is about 196 meters long. The remaining city wall is 0.6 meters high and 6 meters wide. The gates are on the south wall, west wall and east wall. There is a building ruin and a yard site in the north. Glazed tiles were discovered on the ground.

The Yalt bolong city site dated to the Liao dynasty is 16.5 kilometers from the southwest of Holbot Gaqa of Jibhulangt Sum. The city is in the form of a rectangle, about 260 meters long and 230 meters wide. It covers an area of 54697.472 square meters. The remaining city wall is 2 meters high and 7 meters wide. Gates and horse-shaped defense installations are hard to recognize. A round house site in the northwestern corner as well as pottery shards and coins dated to the North Song dynasty were discovered.

As a border city of the Liao Dynasty, Bag buh is 17 kilometers from Bayan oboo Gaqa of Amgulang Balgas. It is in the form of a rectangle, about 70 meters long and 40 meters wide. A round house site (length 11 meters; width 9 meters; height of the remains 1.7 meters) is located near the north. The south gate is well-preserved, 5 meters long and 3 meters wide. Other gates and horse-shaped defense installations have never been found.

The Yih uul city site is 70 meters from the northwest of the Hailar River. It is dated to the Yuan Dynasty. The city is in the form of a square, covering an area of

[3] Chengdaohong, *History of Hulunbuir*, Hohhot, Inner Mongolia Cultural Publishing House, 2010, pp. 222-226.

4078.12 square meters. There was only a gate (width 7.9 meters) in the south wall because of the lashing by the Hailai River. The remains of the city wall is 3.2 meters wide and 5.9 meters high. Neither building ruins nor artifacts have been discovered in the site.

Six kilns have been discovered in the banner.

As a rare and large-scale kiln site of the Liao Dynasty, Hoyor tolgoi is 3.5 kilometers from the southeast of Xilin boir Gaqa of Ubur bolag Sum. The circumference of the site is 427 meters. It was discovered in 2007. Pottery shards with different shape and design were discovered here, such as comb design, coin-shaped design, netlike design, ripple design and nipple design. Bricks with textile impression were also discovered here. The kilns were shaped like gourd, with the mouth diameter of 0.9 meters and belly diameter of 1.6 meters. The charcoal is 0.8 meters thick.

A kiln site is located to the north of the NO.578 boundary marker of the Halah River. A lot of bricks and tile shards were found in the kiln. However, it is hard to evaluate the nature of the kiln.

A canal dated to the Liao Dynasty was discovered in Bayantal Gaqa of Ganjur Sum. The canal was about 30 kilometers long, 4 meters wide and 0.4 meters deep. It was built for using the water from the Halah River to irrigate the area. Also, it can be divided into 2 branches, one in the east and the other in the west.

There are 9 temple sites in the Banner, most of which are Tibetan Buddhism temples dated to the Qing Dynasty.

Ganjur Temple (also known as Shouning Temple named by Emperor Qianlong) is the biggest Tibetan Buddhism temple on the Hulunbuir Grassland. It was built in 1771 and its name came from its famous collection of the Ganjur Sutra. It covered an area of 10 thousand square meters when it reached its zenith. However, nothing but a gate remained after a serious damage. Through restoration in 2001-2003, it has become a religious shrine and famous view spot on the Hulunbuir Grassland.

Arxiaan Temple (also known as Yanshoubaoming Temple), as another famous Tibetan Buddhism temple in the banner, was built in 1928. There were many Mongolian doctors working here. After it suffered a serious damage, only one pharmacy survived. In 1985, it was rebuilt for religious activities.

Apart from sacrificing in the temple, the sacrificing custom of Oboo is another great event among Mongolian people. The famous Yih uul Oboo has a long history. It is situated on the Daqingshan Mountain.

A new banner Oboo was built in 2003. In 2009, the banner Oboo was rebuilt and the 16th day of the 6th lunar month was scheduled as the Oboo-sacrificing Day of Xin Barag Left Bannerner.

Nadam Fair would be held after the Oboo-sacrificing ceremony comes to an end. When performing the Oboo-sacrificing ceremony, Barag Mongolian people will wear their traditional costume. Traditional costume of barag people is an important part of barag culture, from which we can understand their style of dressing, even their lifestyle.

图 版
PLATES

图版目录 Contents of Plates

新石器时代
Neolithic Age

约7000～4000年前
BP7000-4000

新巴尔虎左旗铜钵好赉、伊和乌拉等遗址的发现为深入研究呼伦贝尔草原新石器文化提供了重要的、科学的实物资料。玉器的发现为探讨呼伦贝尔草原新石器时代的社会进程及其与中原文化的交流提供了重要物证。

Discovery of sites such as Tongbenhooli Site and Yih uul Site in Xin Barag Left Banner provided important and scientific material for further study on neolithic culture in the Hulunbuir Grassland. Especially, jade artifacts discovered in these sites were significant evidence for communication between the Hulunbuir Grassland and Central Plains at that time.

石料
Rock Material

新石器时代
长6.6、宽5.2、厚0.9厘米
Neolithic Age
Length 6.6cm; Width 5.2cm; Thickness 0.9cm

新巴尔虎左旗乌布尔宝力格苏木呼和诺尔遗址采集
新巴尔虎左旗文物管理所藏

黄褐色。整体呈舌形，正面有三道竖向凸棱，为明显打制剥离痕迹，背部平整光滑。器体由一端向另一端渐薄渐窄。

石核
Stone Cores

新石器时代
长3.5~5、宽0.8~3.1、厚0.7~1.3厘米
Neolithic Age
Length 3.5–5cm; Width 0.8–3.1cm; Thickness 0.7–1.3cm

新巴尔虎左旗乌布尔宝力格苏木呼和诺尔遗址采集
新巴尔虎左旗文物管理所藏

八件。燧石，呈青红、青灰、灰黄、白和浅褐色。器形呈三角形或四边形，有多个打击台面，采用锤击法和压制法剥片，石片疤深浅不一，有的可见修理痕迹。

石核
Stone Cores

新石器时代
长3~4.7、宽1.4~2.5、厚1~1.3厘米
Neolithic Age
Length 3–4.7cm; Width 1.4–2.5cm; Thickness 1–1.3cm

新巴尔虎左旗乌布尔宝力格苏木采集
新巴尔虎左旗文物管理所藏

　　三件。呈红、灰绿和黄绿色，皆为圆锥状。器体表面凹凸不平，分布有竖向凸棱，为明显打制痕迹。顶部为不规则圆形台面，向下较薄渐窄，底部不甚锋利。

刮削器
Stone Scrapers

新石器时代
长4.2~5.5、宽2.4~4.3、厚1~1.6厘米
Neolithic Age
Length 4.2–5.5cm; Width 2.4–4.3cm; Thickness 1–1.6cm

新巴尔虎左旗乌布尔宝力格苏木呼和诺尔遗址采集
新巴尔虎左旗文物管理所藏

　　二件，打制而成。大者为黄褐色，整体呈椭圆形，正面凸起，较粗糙，背面平整光滑，器体由顶部向下渐薄，周边刃部锋利。小者为褐色，整体呈矩形。正面凸起，质感光滑细腻，有密集白色晕圈，背部较平整，四周刃部较锋利。

石叶
Stone Blades

新石器时代
长5~7、宽0.7~1.4、厚0.2~0.4厘米
Neolithic Age
Length 5–7cm; Width 0.7–1.4cm; Thickness 0.2–0.4cm

新巴尔虎左旗乌布尔宝力格苏木呼和诺尔遗址采集
新巴尔虎左旗文物管理所藏

　　11件。呈黄、青、褐、灰等颜色，整体为长方形，正面有打磨后的凸棱。表面光滑，中间较厚，两端较薄，两侧有不规则锯齿，薄而锋利。

石叶
Stone Blades

新石器时代
长4.9~7.6、宽0.5~1.1、厚0.1~0.2厘米
Neolithic Age
Length 4.9–7.6cm; Width 0.5–1.1cm; Thickness 0.1–0.2cm

新巴尔虎左旗乌布尔宝力格苏木采集
新巴尔虎左旗文物管理所藏

　　18件。呈灰褐、黄褐和青色等，长短不一，均为燧石压剥。石叶细长，劈裂面光滑外凸，正面有纵向凸棱，为剥片痕迹。石叶近台面端平直，远端多呈圆弧状，两侧有修理痕迹。

石磨棒、磨盘
Stone Roller; Stone Saddle-quern

新石器时代
石磨棒：长38.6、最大径5.4、最小径4厘米
石磨盘：长45.3、最宽25.1、厚1.8厘米
Neolithic Age
Stone Roller: Length 38.6cm; Diameter less than 5.4cm; Diameter more than 4cm
Stone Saddle-quern: Length 45.3cm; Width less than 25.1cm; Thickness 1.8cm

新巴尔虎左旗乌布尔宝力格苏木采集
新巴尔虎左旗文物管理所藏

　　磨棒深灰色，整体呈长圆柱体，两端较粗，由两端向中间渐细，表面光滑。磨盘黄褐色，平面近椭圆形，一端较宽，一端较窄。正面有经过加工的凹形痕迹，背面较平坦。

石磨棒、磨盘
Stone Roller; Stone Saddle-quern

新石器时代
石磨棒：长21.1、最大径4、最小径2.8厘米
石磨盘：长33.3、最宽17.1、厚1.8厘米
Neolithic Age
Stone Roller: Length 21.1cm; Diameter less than 4cm; Diameter more than 2.8cm
Stone Saddle-quern: Length 33.3cm; Width less than 17.1cm; Thickness 1.8cm

新巴尔虎左旗乌布尔宝力格苏木采集
新巴尔虎左旗文物管理所藏

　　砂质岩。磨棒近圆柱体，一端粗一端细，横截面呈椭圆形，一端的一侧面有明显的内凹。
　　磨盘平面近圆角长方形，上面较平整光滑，底面粗糙，厚度较均匀。

石磨盘
Stone Saddle-quern

新石器时代
长30.2、最宽19.5、厚3.2厘米
Neolithic Age
Length 30.2cm; Width less than 19.5cm; Thickness 3.2cm

新巴尔虎左旗甘珠尔苏木巴音塔拉嘎查采集
新巴尔虎左旗文物管理所藏

　　黄褐色，通体磨制较精细。平面大致呈梯形，一端较窄，另一端较宽，由中间向两端渐厚，两端翘起，中部略凹陷。

石磨棒
Stone Roller

新石器时代
长31、宽4.5、最厚4.8厘米
Neolithic Age
Length 31cm; Width 4.5cm; Thickness less than 4.8cm

新巴尔虎左旗甘珠尔苏木巴音塔拉嘎查采集
新巴尔虎左旗文物管理所藏

　　砂质岩，赭红色。通体磨制，中间较为光滑，两端球体表面凹凸不平。磨棒两端较粗，为球状，中间为长条状，截面呈椭圆形，曾断为三截，现已修复。

石研磨器
Stone Muller

新石器时代
高8、底长4.8、底宽4.5厘米
Neolithic Age
Height 8cm; Length of the Bottom 4.8cm; Width
of the Bottom 4.5cm

新巴尔虎左旗乌布尔宝力格苏木呼和诺尔遗址采集
新巴尔虎左旗文物管理所藏

　　砾石磨制，表面呈灰褐色。器体上部截
面呈扁椭圆形，磨制光滑，有残缺。底部宽
大，呈弧方形，可见使用痕迹。推测使用时
手握上部，以底部研磨。

石器
Stone Artifact

新石器时代
长13.3、宽3.4~4.2厘米
Neolithic Age
Length 13.3cm; Width 3.4-4.2cm

新巴尔虎左旗乌布尔宝力格苏木呼和诺尔遗址采集
新巴尔虎左旗文物管理所藏

　　灰褐色，磨制光滑。整体呈长条形，
一面平直，另一面一端突起。截面近圆
形，两面交界处起棱。石器两端都有残
断，用途不明。

石器
Stone Artifact

新石器时代
高2~2.6、长9.6、残宽6.7厘米
Neolithic Age
Height 2-2.6cm; Length 9.6cm; Width of the
Remains 6.7cm

新巴尔虎左旗嵯岗镇采集
新巴尔虎左旗文物管理所藏

　　砾石磨制而成，已残断，黑褐色，表
面磨制光滑。石器四周凸出，中部平坦内
凹，底部平坦。推测原来为一矩形凹槽，
可能为研磨东西时的磨盘。

石研磨器
Stone Muller

新石器时代
高6.8、直径15.4厘米
Neolithic Age
Height 6.8cm; Diameter 15.4cm

新巴尔虎左旗乌布尔宝力格苏木呼和诺尔遗址采集
新巴尔虎左旗文物管理所藏

　　灰褐色，整体磨制呈圆柱状，顶部中间
略凹陷，圆柱体中间有一浅凹槽圈，底部较
平整。

石杵
Stone Pestle

新石器时代
长13.7、底径5.3厘米
Neolithic Age
Length 13.7cm; Bottom Diameter 5.3cm

新巴尔虎左旗乌布尔宝力格苏木采集
新巴尔虎左旗文物管理所藏

　　褐色，外表粗糙不平。整体呈圆
柱状，顶部窄于底部，顶部圆润，中间
至底部一侧缺损，一侧有打磨痕迹，底
部呈不规则形，略有突起。

石杵
Stone Pestle

新石器时代
长16.5、宽8.6、厚6.3厘米
Neolithic Age
Length 16.5cm; Width 8.6cm; Thickness 6.3cm

新巴尔虎左旗乌布尔宝力格苏木采集
新巴尔虎左旗文物管理所藏

　　灰白色，通体磨制。上半部相对薄窄，方便手握，下半部宽而厚，底部圆润。器体表面虽多气孔，但光滑细腻。

石杵
Stone Pestle

新石器时代
长5.1、宽3、厚2.4厘米
Neolithic Age
Length 5.1cm; Width 3cm; Thickness 2.4cm

2013年新巴尔虎左旗吉布胡郎图苏木东乌拉遗址周边采集
新巴尔虎左旗文物管理所藏

　　灰色，磨制而成。上部相对薄窄，下部宽厚，底平，略微凸起，整体呈梨形。器体正面较光滑，背面粗糙不平，有多处圆孔。

石杵
Stone Pestle

新石器时代
长10、宽4.9、厚3.6厘米
Neolithic Age
Length 10cm; Width 4.9cm; Thickness 3.6cm

新巴尔虎左旗乌布尔宝力格苏木呼和诺尔遗址采集
新巴尔虎左旗文物管理所藏

　　灰黑色，通体磨光，表面粗糙。顶部较尖，由顶部向下渐宽渐厚，折收于底部，平底略微凸起。器体中部有一明显凹痕，横截面近椭圆形。

石杵
Stone Pestle

新石器时代
长9.2、直径5.3厘米
Neolithic Age
Length 9.2cm; Diameter 5.3cm

新巴尔虎左旗乌布尔宝力格苏木呼和诺尔遗址采集
新巴尔虎左旗文物管理所藏

　　深灰色，通体光滑。整体呈圆柱状，两端有磨制痕迹。

石杵
Stone Pestle

新石器时代
长9.8、宽6.1厘米
Neolithic Age
Length 9.8cm; Width 6.1cm

新巴尔虎左旗乌布尔宝力格苏木呼和诺尔遗址采集
新巴尔虎左旗文物管理所藏

　　呈梯形圆柱状，由上向下逐渐变宽，顶部不平整，底部平面近四方形，平面有使用痕迹。

石杵
Stone Pestle

新石器时代
长12.9、宽9、厚5.1厘米
Neolithic Age
Length 12.9cm; Width 9cm; Thickness 5.1cm

新巴尔虎左旗乌布尔宝力格苏木呼和诺尔遗址采集
新巴尔虎左旗文物管理所藏

　　浅黄色。整体呈弧方形，一端向另一端渐宽渐厚，横截面近六边形。表面多气孔，正面较光滑，背部粗糙凹凸不平。

石杵
Stone Pestle

新石器时代
长11、最宽5.3、厚6厘米
Neolithic Age
Length 11cm; Width less than 5.3cm; Thickness 6cm

新巴尔虎左旗乌布尔宝力格苏木呼和诺尔遗址采集
新巴尔虎左旗文物管理所藏

  砂质岩，夹杂明显的石英砂，铁红色，通体磨制。器体前部鼓起，后部平整，上窄下宽，底部微凸起。背部一棱边有明显的磨损痕迹，白色，呈条状，分布范围从顶部到下部。

石杵
Stone Pestle

新石器时代
长18.6、宽3.7~5.4、厚5.7厘米
Neolithic Age
Length 18.6cm; Width 3.7–5.4cm; Thickness 5.7cm

2013年新巴尔虎左旗吉布胡郎图苏木东乌拉遗址周边采集
新巴尔虎左旗文物管理所藏

  深灰色，通体磨制。器体上窄下宽，两端呈圆弧状，侧面有凹凸不平的痕迹，做工粗糙。

石锤
Percuteur

新石器时代
长10.9、宽8.2、厚6.2厘米
Neolithic Age
Length 10.9cm; Width 8.2cm; Thickness 6.2cm

新巴尔虎左旗乌布尔宝力格苏木呼和诺尔遗址采集
新巴尔虎左旗文物管理所藏

灰色。通体磨制而成，表面较光滑。器已残，平面大致呈长方形，一侧凹陷，用于放置锤柄。由凹陷端向锤头渐窄渐薄，锤头圆钝。

柱状石器
Cylindrical Stoneware

新石器时代
长8.7、直径4.3厘米
Neolithic Age
Length 8.7cm; Diameter 4.3cm

新巴尔虎左旗乌布尔宝力格苏木呼和诺尔遗址采集
新巴尔虎左旗文物管理所藏

砾石，灰白色。器呈圆柱状，横剖面椭圆形，上下底面有使用痕迹。

石球
Stone Bola

新石器时代
直径17厘米
Neolithic Age
Diameter 17cm

新巴尔虎左旗嵯岗镇呼和哈达遗址采集
新巴尔虎左旗文物管理所藏

灰黑色，磨制较为粗糙。器近球状，但棱角分明，表面有细孔，顶面颜色较深。

石环
Stone Loop

新石器时代
外径7.3~7.9、内径1.6、厚3.2厘米
Neolithic Age
Exterior Diameter 7.3–7.9cm; Interior Diameter 1.6cm;
Thickness 3.2cm

新巴尔虎左旗乌布尔宝力格苏木采集
新巴尔虎左旗文物管理所藏

　　红褐色，磨制。圆环形，一侧磨损明显，中心部位对钻一圆形孔。

石环
Stone Loop

新石器时代
外径9.1~10.4、内径4.9~5.8厘米
Neolithic Age
Exterior Diameter 9.1–10.4cm; Interior Diameter 4.9–5.8cm

新巴尔虎左旗乌布尔宝力格苏木呼和诺尔遗址采集
新巴尔虎左旗文物管理所藏

　　红褐色，磨制。器体厚重，近似圆形，上端两侧略向内凹成平面，中间有一圆孔，对钻而成。

石环
Stone Loop

新石器时代
外径15~16.5、内径1.5、厚5.3厘米
Neolithic Age
Exterior Diameter 15–16.5cm; Interior Diameter
1.5cm; Thickness 5.3cm

新巴尔虎左旗乌布尔宝力格苏木呼和诺尔遗址采集
新巴尔虎左旗文物管理所藏

　　灰白色，磨制。整体呈椭圆形，中心部位对钻一较规则圆孔，由孔部向周边渐薄。器体表面粗糙，正面凸起，背面较平整。

石环
Stone Loop

新石器时代
外径17.7、内径约3.9~5.6、厚4.7厘米
Neolithic Age
Exterior Diameter 17.7cm; Interior Diameter
3.9–5.6cm; Thickness 4.7cm

新巴尔虎左旗乌布尔宝力格苏木采集
新巴尔虎左旗文物管理所藏

　　灰色，磨制。器壁较厚，平面近圆形，中心部位对钻一圆形孔，两端孔径最大，深1.1厘米处孔径最小。

石环
Damaged Stone Loop

新石器时代
外径6.9、内径2.8、厚3.5厘米
Neolithic Age
Exterior Diameter 6.9cm; Interior Diameter
2.8cm; Thickness 3.5cm

新巴尔虎左旗乌布尔宝力格苏木采集
新巴尔虎左旗文物管理所藏

　　砂岩，乳白色，磨制。器厚度均匀，残缺仅剩一半，中心部位对钻一孔。

石环
Damaged Stone Loop

新石器时代
外径9.3、内径4.1、厚1.8厘米
Neolithic Age
Exterior Diameter 9.3cm; Interior Diameter 4.1cm;
Thickness 1.8cm

2013年新巴尔虎左旗吉布胡郎图苏木东乌拉遗址周边采集
新巴尔虎左旗文物管理所藏

　　青绿色，磨制。器体原本为环形，已残，正面光滑细腻，钻有两个较规则小圆窝，背面粗糙凹凸不平。石环边缘呈不规则齿状。

陶网坠
Pottery Net Drops

新石器时代
长1.9~3、宽0.6~1.3厘米
Neolithic Age
Length 1.9–3cm; Width 0.6–1.3cm

2002年新巴尔虎左旗乌布尔宝力格苏木出土
呼伦贝尔民族博物院藏

　　四件，其中三件基本完好，一件
残断。夹砂或泥质陶磨制，长短粗细
不一，均呈圆柱状，两端打磨出凹槽
以系绳。

陶网坠
Pottery Net Drops

新石器时代
长3.2~4.1、直径1.1~1.3厘米
Neolithic Age
Length 3.2–4.1cm; Diameter 1.1–1.3cm

新巴尔虎左旗阿木古郎镇沃布德格征集
呼伦贝尔民族博物院藏

　　二件。褐色。圆柱状，两端平
直，近两端处均有凹痕，一个为一
周环形凹痕，一个为刀刻凹痕。凹
痕为系绳处。

陶网坠
Pottery Net Drops

新石器时代
长2.6~4.7、直径1~1.5厘米
Neolithic Age
Length 2.6–4.7cm; Diameter 1–1.5cm

新巴尔虎左旗乌布尔宝力格苏木呼和诺尔遗址采集
新巴尔虎左旗文物管理所藏

15件。器呈黄褐、黑、灰色等颜色，磨制。器体呈圆柱状，形制大体相同，长短不一，两端各有一圈凹槽，当为系绳所用，个别侧面内凹。大多数保存较好，个别器体一端破损。

陶纺轮
Pottery Spinning Wheel

新石器时代
外径5.5、孔径1、厚1厘米
Neolithic Age
Exterior Diameter 5.5cm; Diameter of the Hole 1cm; Thickness 1cm

新巴尔虎左旗吉布胡郎图苏木甘珠尔花嘎查采集
呼伦贝尔民族博物院藏

手制。泥质灰陶，胎体较厚，器表光滑。圆形，中间有一对钻的圆孔。

陶纺轮
Pottery Spinning Wheels

新石器时代
外径2.6~4.6、孔径0.6~0.9厘米
Neolithic Age
Exterior Diameter 2.6–4.6cm; Diameter of
the Hole 0.6–0.9cm

新巴尔虎左旗吉布胡郎图苏木采集
新巴尔虎左旗文物管理所藏

　　三件。泥质或夹砂，灰色或褐色，
近圆形，中间有一对钻的圆孔，素面。

陶纺轮
Pottery Spinning Wheel

新石器时代
外径4、孔径0.9、厚1.7~2.1厘米
Neolithic Age
Exterior Diameter 4cm; Diameter of the Hole
0.9cm; Thickness 1.7–2.1cm

1997年新巴尔虎左旗乌布尔宝力格苏木采集
新巴尔虎左旗文物管理所藏

　　深褐色，下部分为深灰色，背面露出
浅灰色，表面粗糙。圆环形，正面有轻微
破损。

石钻
Stone Drill

新石器时代
长5.3、顶宽1.9厘米
Neolithic Age
Length 5.3cm; Top Width 1.9cm

新巴尔虎左旗乌布尔宝力格苏木呼和诺尔遗址采集
新巴尔虎左旗文物管理所藏

　　燧石压剥而成，青褐色。顶部宽而扁，
推测用于手持，下部呈锥状，尖端锋利，表
面遍布修疤。

石刀
Stone Knife

新石器时代
长11.1、宽3.8、厚0.9厘米
Neolithic Age
Length 11.1cm; Width 3.8cm; Thickness 0.9cm

新巴尔虎左旗乌布尔宝力格苏木采集
新巴尔虎左旗文物管理所藏

　　红褐色，打制而成。整体呈柳叶形，周边全部打制成刃，刃部较锋利。器体正面较光滑，背部凹凸不平。

石刀
Stone Knife

新石器时代
长5.6、最宽2.6、厚0.3厘米
Neolithic Age
Length 5.6cm; Width Less than 2.6cm; Thickness 0.3cm

新巴尔虎左旗乌布尔宝力格苏木采集
新巴尔虎左旗文物管理所藏

　　褐色，打制。整体呈长方形，周边全部打制成刃，刃部较锋利。器体表面较光滑，由中心向四周渐薄。

石刀
Stone Knife

新石器时代
最长4、最宽2.9、厚0.9厘米
Neolithic Age
Length Less than 4cm; Width Less than 2.9cm; Thickness 0.9cm

新巴尔虎左旗乌布尔宝力格苏木采集
新巴尔虎左旗文物管理所藏

　　黄色，打制。正面凹凸不平，背面有数道凸棱。器体表面质感细腻，刃部较锋利。

石凿
Stone Zax

新石器时代
长17.5、最宽4.6、厚3.1厘米
Neolithic Age
Length 17.5cm; Width less than 4.6cm; Thickness 3.1cm

新巴尔虎左旗乌布尔宝力格苏木采集
新巴尔虎左旗文物管理所藏

　　正面深灰色，背面浅灰色，表面粗糙。整体呈椭圆柱体，正面一侧近顶端部分缺损，顶端为断截面，略内凹，底端呈不规则形状，中间至底端有裂痕。

石斧
Stone Axe

新石器时代
长10.4、最宽5.2、厚5.1厘米
Neolithic Age
Length 10.4cm; Width less than 5.2cm; Thickness 5.1cm

新巴尔虎左旗乌布尔宝力格苏木采集
新巴尔虎左旗文物管理所藏

　　黑色，磨制，通体光滑。顶部呈圆弧状，有破损，刃部呈弧状，较锋利。一侧破损，整体可见磨制痕迹。

石斧
Stone Axe

新石器时代
长7.1、最宽3.6、厚0.9厘米
Neolithic Age
Length 7.1cm; Width Less than 3.6cm;
Thickness 0.9cm

新巴尔虎左旗乌布尔宝力格苏木采集
新巴尔虎左旗文物管理所藏

深绿色，磨制，表面光滑。器
体大致呈舌形，中间最厚，向两端
渐薄，两端翘起，磨制成刃，刃部
较锋利。

石斧
Stone Axe

新石器时代
长4、最宽2.5、孔径0.6、厚0.9厘米
Neolithic Age
Length 4cm; Width Less than 2.5cm; Diameter of the
Hole 0.6cm; Thickness 0.9cm

2013年新巴尔虎左旗吉布胡郎图苏木东乌拉遗址周边采集
新巴尔虎左旗文物管理所藏

砾石，白色，通体光滑。器体近梯形，底边斜
直，中间厚两侧薄，偏上部有一个对钻的圆孔。

石斧
Stone Axe

新石器时代
长6、最宽2.1、厚0.4厘米
Neolithic Age
Length 6cm; Width less than 2.1cm; Thickness 0.4cm

新巴尔虎左旗乌布尔宝力格苏木采集
新巴尔虎左旗文物管理所藏

　　白色，通体磨光。器刃部磨制较锋利，顶部对穿有一圆孔。

玉斧
Jade Axe

新石器时代
长7、最宽6.5、厚1.2厘米
Neolithic Age
Length 7cm; Width Less than 6.5cm; Thickness 1.2cm

1986年新巴尔虎左旗阿木古郎镇甘珠尔嘎查甘珠尔庙采集
呼伦贝尔民族博物院藏

　　玉质，浅绿色。磨制而成，表面光滑细腻。整体呈马蹄状，上端为圆弧状，刃部平直，不甚锋利，有残缺。

玉饰
Jade Ornament

新石器时代
长5、最宽2、孔径0.3、厚0.4厘米
Neolithic Age
Length 5cm; Width Less than 2cm; Diameter of
the Hole 0.3cm;Thickness 0.4cm

新巴尔虎左旗乌布尔宝力格苏木呼和诺尔遗址采集
新巴尔虎左旗文物管理所藏

　　青黄色透闪石质，半透明，部分表面已
钙化，呈白色，通体抛光。器体正反两面的
中部各有一道刻划线贯穿整体，底部为经打
磨的弧状刃部，顶部有两个小圆孔，对钻而
成，一个已破损。

玉饰
Jade Ornament

新石器时代
长12.5、最宽1.3、孔径0.3、厚0.7厘米
Neolithic Age
Length 12.5cm; Width Less than 1.3cm; Diameter
of the Hole 0.3cm; Thickness 0.7cm

新巴尔虎左旗乌布尔宝力格苏木呼和诺尔遗址采集
新巴尔虎左旗文物管理所藏

　　透闪石质，青黄色，半透明，有絮状组
织和黑色杂质，通体抛光。器呈刀状，经打
磨的单刃呈长弧状，刃部较薄，背部较厚，
一端有小圆孔，对钻而成。中部曾断裂，有
修复痕迹。

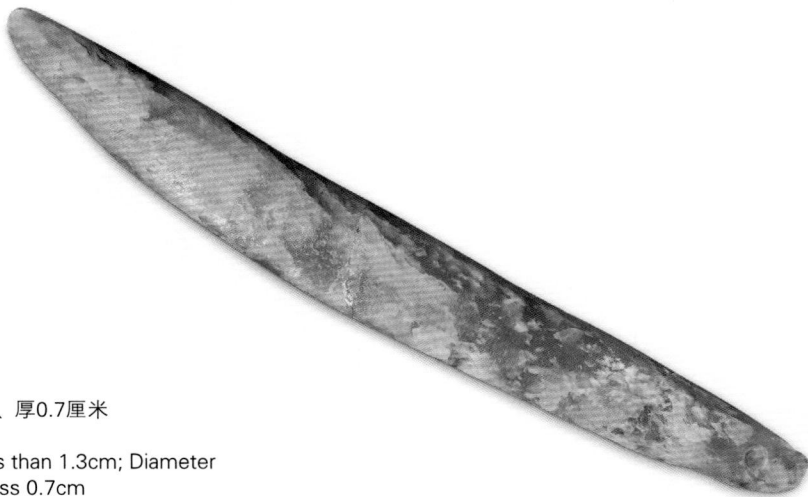

石镞
Stone Arrowheads

新石器时代
长1.2~5.3、宽0.4~2.2、厚0.2~0.7厘米
Neolithic Age
Length 1.2–5.3cm; Width 0.4–2.2cm; Thickness 0.2–0.7cm

新巴尔虎左旗乌布尔宝力格苏木呼和诺尔遗址采集
新巴尔虎左旗文物管理所藏

　　48件。材质有燧石、水晶和黑曜石等，呈红、白、黑、灰、褐黄和青等色，均为石叶压剥制作。大小不等，按形状可分五型。
　　第一型11件，镞身窄长，整体呈柳叶形。底部有的内凹，有的外凸。有的通体修理，有的只修理镞身两缘。
　　第二型3件，呈水滴状，通体遍布修疤。
　　第三型15件，呈三角形，通体有修疤。
　　第四型18件，整体近三角形，镞身底部均内凹，两缘稍外弧，通体修理。
　　第五型1件，由一片细长石叶修理而成，两缘均有修理痕迹，底部略宽。

石镞
Stone Arrowheads

新石器时代
长2.1~5.3、宽0.9~1.4、厚0.3~0.5厘米
Neolithic Age
Length 2.1–5.3cm; Width 0.9–1.4cm; Thickness 0.3–0.5cm

新巴尔虎左旗乌布尔宝力格苏木采集
新巴尔虎左旗文物管理所藏

11件。有褐色、青色和黑色等，压剥制成。器体呈柳叶状，扁薄，一面三棱或四棱形，中间凸起，两侧渐薄，一面平滑。头部尖锐，侧翼呈锯齿状。尾部呈弧形、直线形或内凹。

石镞
Stone Arrowheads

新石器时代
长1~3、宽0.6~2.2厘米
Neolithic Age
Length 1–3cm; Width 0.6–2.2cm

新巴尔虎左旗乌布尔宝力格苏木采集
新巴尔虎左旗文物管理所藏

14件。有红、黑、青、黄、灰、半透明等颜色，均为压剥制成。形制大体相同，大小不一，呈柳叶状，中部略凸起，两侧均有锯齿状刃部，为弧形。尾部大体呈弧形、三角形或斜直。

石镞
Stone Arrowhead

新石器时代
长6、宽0.4~1.1、厚0.3~0.5厘米
Neolithic Age
Length 6cm; Width 0.4–1.1cm; Thickness 0.3–0.5cm

新巴尔虎左旗乌布尔宝力格苏木呼和诺尔遗址采集
新巴尔虎左旗文物管理所藏

　　灰色，压剥而成。器呈柳叶状，压剥痕密集分布于石镞两长边。两面脊背凸起呈线状，底部较平整。

石镞
Stone Arrowhead

新石器时代
长7.2、最宽0.7、最厚0.7厘米
Neolithic Age
Length 7.2cm; Width less than 0.7cm;
Thickness less than 0.7cm

新巴尔虎左旗嵯岗镇采集
新巴尔虎左旗文物管理所藏

　　墨绿色，磨制，表面光滑。镞身呈四棱形，镞柄整体亦呈四棱形，尾端逐渐变为圆柱状。

串珠
Beadrolls

新石器时代
骨扁珠：长径0.9~1、短径0.2~0.3、孔径0.1厘米
管珠：长1、直径0.5、孔径0.3厘米
Neolithic Age
Bone Oblate Bead：Major Diameter 0.9–1cm; Minor Diameter 0.2–0.3cm; Diameter of the Hole 0.1cm
Pipe：Length 1cm; Diameter 0.5cm; Diameter of the Hole 0.3cm

2012年新巴尔虎左旗吉布郎图苏木采集
新巴尔虎左旗文物管理所藏

　　骨扁珠58颗，白色，表面粗糙，中间平行短轴方向钻孔，珠子垂直短轴方向表面有凸起棱状。管珠一颗，绿色，打磨而成，中间平行长轴方向钻孔，珠子垂直长轴方向表面有凹陷痕迹，表面有裂纹。

石环
Damaged Stone Loop

新石器时代
外径6.6、内径2.8、厚0.6~0.8厘米
Neolithic Age
Exterior Diameter 6.6cm; Interior Diameter 2.8cm; Thickness 0.6–0.8cm

新巴尔虎左旗吉布郎图苏木采集
新巴尔虎左旗文物管理所藏

　　青白色，石料磨制。器环状，表面光滑，已残断。

青铜时代
Bronze Age

公元前11世纪～前3世纪
B.C.11C - B.C.3C

　　这一时期，石板墓在新巴尔虎左旗分布广、规模大。出土人骨经鉴定，具有蒙古人特征。

Slab-tombs are widely distributed and broad in scale in Xin Barag Left Banner. The unearthed human skeleton was authenticated to be with Mongolian characteristics.

新巴尔虎左旗嵯岗镇伊和乌拉石板墓群西侧"人"字形山脉远景（由南往北）
Distant Shot of Mountains in West Side of Yih uul Slab-tombs in Cuogang Town in Xin Barag Left Banner (From South to North)

新巴尔虎左旗嵯岗镇伊和乌拉石板墓群西侧"人"字形山脉两阙近景（由南往北）
Close Shot of Both Sides of the Mountain in the West Side of Yih uul Slab-tombs in Cuogang Town in Xin Barag Left Banner (From South to North)

新巴尔虎左旗嵯岗镇伊和乌拉石板墓群西侧"人"字形山峰顶（由西南往东北）
Top of the Mountain in the West Side of Yih uul Slab-tombs in Cuogang Town in Xin Barag Left Banner (From Southwest to Northeast)

"伊和乌拉"为蒙古语，意为"大青山"。伊和乌拉地处高原丘陵地带，牧草优良，以山得名，海拉尔河从西往南绕行。

伊和乌拉石板墓群的西侧为"人"字形山脉，当时游牧民利用该山脉的自然形势在西侧，即"人"字的下部两翼用石板、石块堆砌成两阙状，而在"人"字两笔画交汇处的峰顶用大石板堆砌，今可见明显的焚烧痕迹，很可能是当时在墓地举行烧（物）葬葬仪的场所。

从新巴尔虎左旗嵯岗镇伊和乌拉石板墓群西侧"人"字形山峰顶远眺海拉尔河（由西北往东南）
Landscape of Hailar River from the Mountain in the West Side of Yih uul Slab-tombs in Cuogang Town in Xin Barag Left Banner (From Northwest to Southeast)

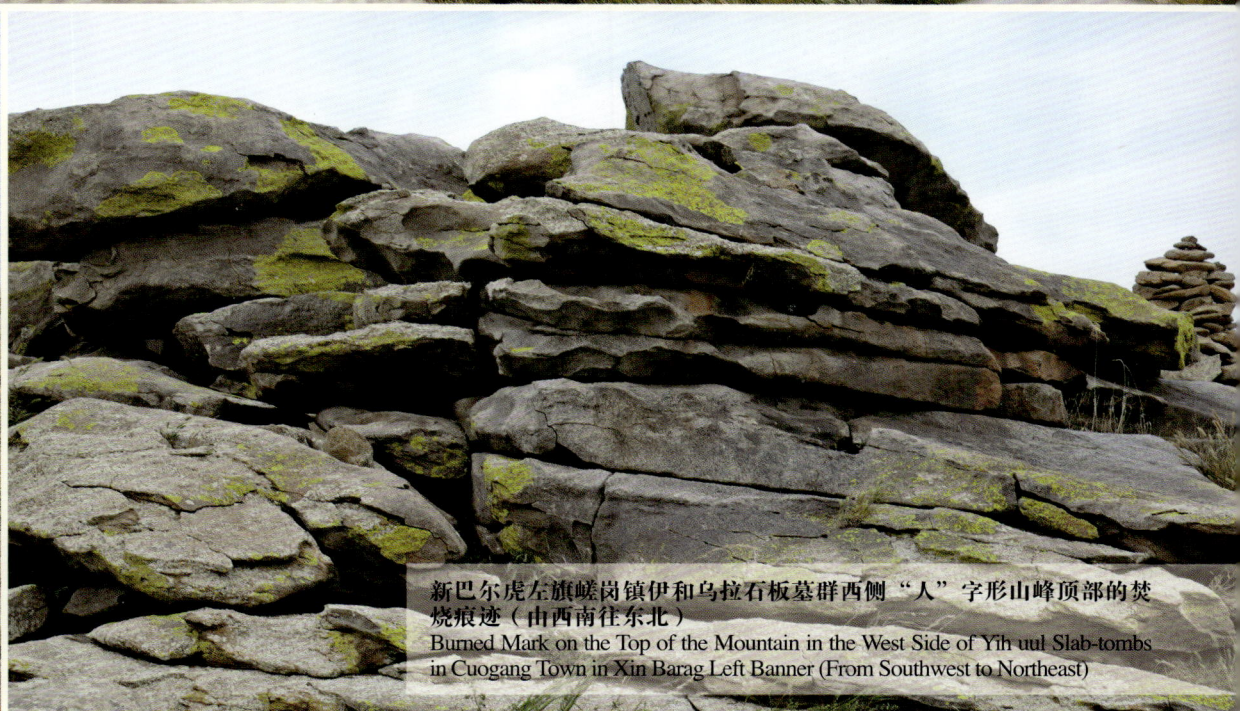

新巴尔虎左旗嵯岗镇伊和乌拉石板墓群西侧"人"字形山峰顶部的焚烧痕迹（由西南往东北）
Burned Mark on the Top of the Mountain in the West Side of Yih uul Slab-tombs in Cuogang Town in Xin Barag Left Banner (From Southwest to Northeast)

新巴尔虎左旗嵯岗镇伊和乌拉石板墓群东南的海拉尔河（由西往东）
Hailar River to the Southeast of Yih uul Slab-tombs in Cuogang Town in Xin Barag Left Banner (From West to East)

新巴尔虎左旗嵯岗镇伊和乌拉石板墓群（由西南往东北）
Yih uul Slab-tombs in Cuogang Town in Xin Barag Left Banner (From Southwest to Northeast)

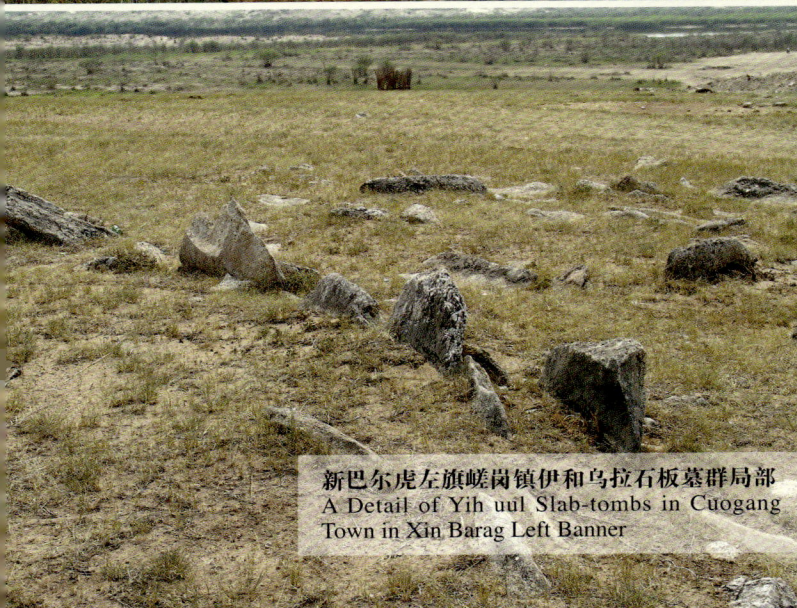

新巴尔虎左旗嵯岗镇伊和乌拉石板墓群局部
A Detail of Yih uul Slab-tombs in Cuogang Town in Xin Barag Left Banner

新巴尔虎左旗嵯岗镇伊和乌拉石板墓群局部
A Detail of Yih uul Slab-tombs in Cuogang Town in Xin Barag Left Banner

新巴尔虎左旗嵯岗镇伊和乌拉石板墓群局部
A Detail of Yih uul Slab-tombs in Cuogang Town in Xin Barag Left Banner

新巴尔虎左旗嵯岗镇伊和乌拉石板墓群局部
A Detail of Yih uul Slab-tombs in Cuogang Town in Xin Barag Left Banner

新巴尔虎左旗嵯岗镇伊和乌拉石板墓群局部
A Detail of Yih uul Slab-tombs in Cuogang Town in Xin Barag Left Banner

新巴尔虎左旗嵯岗镇巴格乌拉石板墓群西侧的大青山伊和乌拉敖包（由西往东）
Yih uul Oboo to the West of Bag uul Slab-tombs in Cuogang Town in Xin Barag Left Banner (From West to East)

新巴尔虎左旗草原上的马群
Horses on the Xin Barag Left Banner Grassland

巴格乌拉石板墓群位于嵯岗镇伊和乌拉嘎查西南16.5公里，海拉尔河西北1公里，方圆681256.33平方米的范围内。石板墓群共有单体石板墓70座，大多呈东西走向，长方形墓葬。巴格乌拉西北坡上墓葬比较集中，坡下远处较少。其中M1规模最大，形制特殊。该墓葬位于巴格乌拉山西北700米，地势平缓、开阔，为长方形石板墓，长5.2、宽4.3米，呈东南至西北走向。墓葬外围用石头修筑茔墙，平面呈半椭圆形，直径18.7米。神道今有立石八件，呈西北向东南一字列置，立石间距约1米。据悉，在20世纪60年代"农业学大寨"时，立石多达60多件，围墙高达1米多。

新巴尔虎左旗嵯岗镇巴格乌拉石板墓群（由北往南）
Bag uul Slab-tombs in Cuogang Town in Xin Barag Left Banner (From North to South)

新巴尔虎左旗嵯岗镇巴格乌拉石板墓M1神道立石（由南往北）
Standing Stones in the Sacred Way of Tomb M1 in Bag uul Slab-tombs
in Cuogang Town in Xin Barag Left Banner (From South to North)

新巴尔虎左旗嵯岗镇巴格乌拉石板墓群M1茔园入口（由西往东）
Entrance to the Region of M1 in Bag uul Slab-tombs in Cuogang Town in Xin Barag Left Banner (From West to East)

在神道立石的北端，茔园入口处有一立石，个体较大，周围地面下陷，在下陷的外围可见基本呈对称分布的四块白色石英岩，推测此处可能原有地上建筑。

新巴尔虎左旗嵯岗镇巴格乌拉石板墓群M1茔园入口（由西北往东南）
Entrance to the Region of Tomb M1 in Bag uul Slab-tombs in Cuogang Town in Xin Barag Left Banner (From Northwest to Southeast)

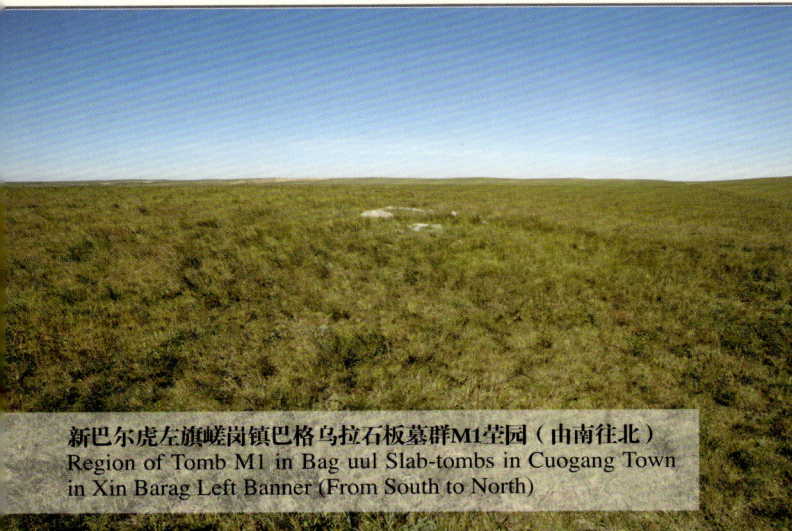

新巴尔虎左旗嵯岗镇巴格乌拉石板墓群M1茔园（由南往北）
Region of Tomb M1 in Bag uul Slab-tombs in Cuogang Town
in Xin Barag Left Banner (From South to North)

新巴尔虎左旗嵯岗镇巴格乌拉石板墓群M1茔园（由南往北）
Region of Tomb M1 in Bag uul Slab-tombs in Cuogang Town in
Xin Barag Left Banner (From South to North)

三组两两成对的石英岩呈西北—东南走向将M1与西侧的六座小型石板墓隔开。该石英岩与神道北端所见者同，很可能是修建M1时所为。

新巴尔虎左旗嵯岗镇巴格乌拉石板墓群M1西侧石英岩（由西北往东南）
Quartzite in the West of Tomb M1 in Bag uul Slab-tombs in Cuogang Town in Xin
Barag Left Banner (From Northwest to Southeast)

新巴尔虎左旗嵯岗镇巴格乌拉石板墓群M1西侧石英岩局部
Details of Quartzite in the West of Tomb M1 in Bag uul Slab-tombs in Cuogang Town in Xin Barag Left Banner

新巴尔虎左旗嵯岗镇巴格乌拉石板墓群M1西侧石英岩局部
Details of Quartzite in the West of Tomb M1 in Bag uul Slab-tombs in Cuogang Town in Xin Barag Left Banner

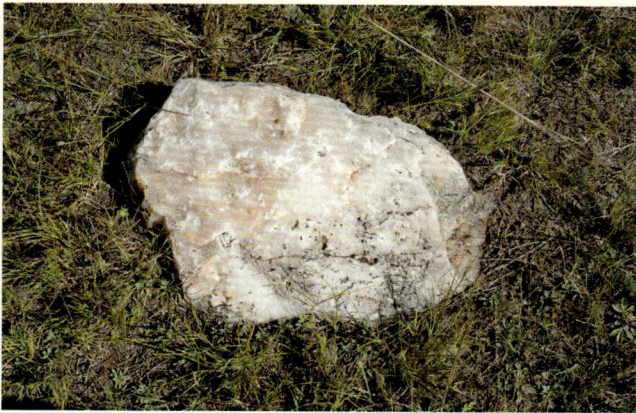

新巴尔虎左旗嵯岗镇巴格乌拉石板墓群M1西侧石英岩局部
Details of Quartzite in the West of Tomb M1 in Bag uul Slab-tombs in Cuogang Town in Xin Barag Left Banner

新巴尔虎左旗嵯岗镇巴格乌拉石板墓群M1西侧石英岩局部
Details of Quartzite in the West of Tomb M1 in Bag uul Slab-tombs in Cuogang Town in Xin Barag Left Banner

新巴尔虎左旗嵯岗镇巴格乌拉石板墓群M1西侧石英岩局部
Details of Quartzite in the West of Tomb M1 in Bag uul Slab-tombs in Cuogang Town in Xin Barag Left Banner

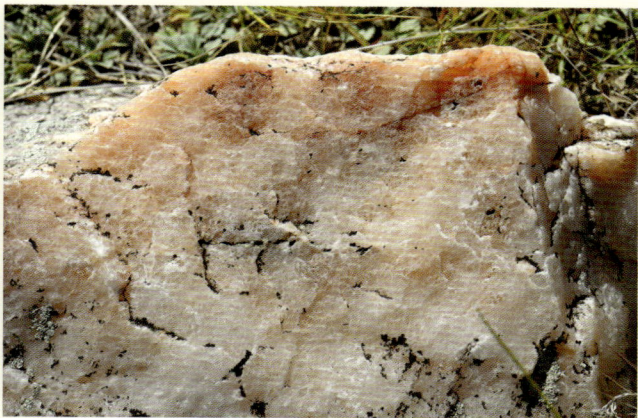

新巴尔虎左旗嵯岗镇巴格乌拉石板墓群M1西侧石英岩局部
Details of Quartzite in the West of Tomb M1 in Bag uul Slab-tombs in Cuogang Town in Xin Barag Left Banner

新巴尔虎左旗嵯岗镇巴格乌拉石板墓群M1西侧墓葬（由西北往东南）
Details of Quartzite in the West of M1 in Bag uul Slab-tombs in Cuogang Town in Xin Barag Left Banner (From Northwest to Southeast)

新巴尔虎左旗嵯岗镇巴格乌拉石板墓群M1西侧墓葬（由北往南）
Details of Quartzite in the West of M1 in Bag uul Slab-tombs in Cuogang Town in Xin Barag Left Banner (From North to South)

新巴尔虎左旗嵯岗镇巴格乌拉石板墓群M1西侧墓葬（由西往东）
Details of Quartzite in the West of M1 in Bag uul Slab-tombs in Cuogang Town in Xin Barag Left Banner (From West to East)

新巴尔虎左旗嵯岗镇巴格乌拉石板墓群M1西侧墓葬（山东往西）
Details of Quartzite in the West of M1 in Bag uul Slab-tombs in Cuogang Town in Xin Barag Left Banner（From East to West）

新巴尔虎左旗嵯岗镇巴格乌拉石板墓群M1西侧墓葬局部（山东往西）
Details of Quartzite in the West of M1 in Bag uul Slab-tombs in Cuogang Town in Xin Barag Left Banner（From East to West）

新巴尔虎左旗嵯岗镇巴格乌拉石板墓群M1西侧墓葬局部（山东往西）
Details of Quartzite in the West of M1 in Bag uul Slab-tombs in Cuogang Town in Xin Barag Left Banner（From East to West）

樟子松
Mongolia Scotch Pine

原来巴格乌拉石板墓群附近樟子松林茂密，1903年俄罗斯修建铁路时进行了毁灭性砍伐，今只在海拉尔西岸零星可见。

铜饰件
Bronze Ornaments

青铜时代
长3.2~5.7、厚0.3~0.6厘米
Bronze Age
Length 3.2–5.7cm; Thickness 0.3–0.6cm

新巴尔虎左旗乌布尔宝力格苏木呼和诺尔遗址采集
新巴尔虎左旗文物管理所藏

　　四件。青铜铸造，由环状和叉形相接，其中三件一面凸起，一面平坦，做工粗糙。另一件做工较细，前后两面相同。

铜饰件
Bronze Ornament

青铜时代
长2.6、最宽1.7厘米
Bronze Age
Length 2.6cm; Width Less than 1.7cm

新巴尔虎左旗乌布尔宝力格苏木采集
新巴尔虎左旗文物管理所藏

　　青铜质。器体表面有两处锈斑，正面为动物纹饰，左边为动物的眼睛，右边为尾巴，尾巴呈环状。背面为素面平面，有一环形纽。

铜饰件
Bronze Ornament

青铜时代
长2.7、最宽1.6、孔径0.6、厚0.4厘米
Bronze Age
Length 2.7cm; Width Less than 1.6cm;
Diameter of the Hole 0.6cm; Thickness
0.4cm

新巴尔虎左旗乌布尔宝力格苏木采集
新巴尔虎左旗文物管理所藏

　　青铜质，素面。器形圆润，如豆荚状。正面底部圆鼓，背面底部凹陷，侧面为弧形，顶部有一圆孔。

铜饰件
Bronze Ornament

青铜时代
长4、最宽1.9、环径0.6、厚0.3厘米
Bronze Age
Length 4cm; Width Less than 1.9cm; Diameter
of the Loop 0.6cm; Thickness 0.3cm

新巴尔虎左旗乌布尔宝力格苏木采集
新巴尔虎左旗文物管理所藏

　　青铜质。器体呈"十"字形，顶部有一圆环，中部由四个镂空水滴形组成花瓣状，底部为扁圆柱形，浅刻有三条凹痕，两面形制完全相同。

铜饰件
Bronze Ornament

青铜时代
长3.8、宽2.4厘米
Bronze Age
Length 3.8cm; Width 2.4cm

2002年新巴尔虎左旗呼伦湖东岸乌尔逊河口南约5公里采集
呼伦贝尔民族博物院藏

　　主体为五环组合，周边四环中央有四孔，中部一环为隆起的实体，较光滑。背后串鼻，素面。正面有短竖线花纹，并有八个小窝，应为镶嵌宝石处。

铜饰件
Bronze Ornament

青铜时代
长3.5厘米
Bronze Age
Length 3.5cm

新巴尔虎左旗乌布尔宝力格苏木采集
新巴尔虎左旗文物管理所藏

　　青铜质。器正面为对称的动物纹，正中间有一铆钉，四周围绕有两对相望的鸟儿，其中一只鸟头部残缺。鸟的眼睛凸出，喙部呈内凹状，边缘凸出，顶端与身体相接，形成四个圆孔，脖子部分有横条纹路。背面平整，中间有一环形纽。

铜饰件
Bronze Ornament

青铜时代
外径6.8、内径6.6、宽0.7厘米
Bronze Age
Exterior Diameter 6.8cm; Interior Diameter
6.6cm; Width 0.7cm

新巴尔虎左旗嵯岗镇苏立陶日木新石器遗址采集
新巴尔虎左旗文物管理所藏

　　青铜制。器为环装饰物，表面饰有均
匀的波浪纹，内侧为素面。

铜铃
Bronze Bell

青铜时代
长4.2、宽3.7厘米
Bronze Age
Length 4.2cm; Width 3.7cm

2002年新巴尔虎左旗呼伦湖东岸乌尔逊河口采集
呼伦贝尔民族博物院藏

　　合范铸造，近圆形，部分残缺，器
体较薄。铜铃上部竖一方形纽，内留有圆
孔，便于佩戴。器身外鼓，饰兽面纹。

铜镞
Bronze Arrowhead

青铜时代
翼长4.7、宽1.7厘米
Bronze Age
Length of the Wing 4.7cm; Width 1.7cm

1996年新巴尔虎左旗吉布胡郎图苏木采集
新巴尔虎左旗文物管理所藏

　　锋尖锐，翼呈弧线三角形，三翼
较窄，附于脊上。镞身横断面为"▼"
形。棱之间下凹而成三个凹面，每个凹
面上均有一个椭圆形孔，无铤。

铜镞
Bronze Arrowheads

青铜时代
翼长7.9~15.1、孔径0.7~0.9厘米
Bronze Age
Length of the Wing 7.9–15.1cm; Diameter
of the Hole 0.7–0.9cm

1997年新巴尔虎左旗嵯岗镇采集
新巴尔虎左旗文物管理所藏

　　五件。保存完整，青铜铸造而成，
线条流畅，造型精美。器呈三棱状，前
端锋尖锐，翼有刃，底部有一圆形孔，
便于插入箭铤。

铜镞
Bronze Arrowheads

青铜时代
翼长9~16.9、孔径0.8~0.9厘米
Bronze Age
Length of the Wing 9–16.9cm; Diameter of the Hole 0.8–0.9cm

1996年新巴尔虎左旗吉布胡郎图苏木呼伦湖河口东约2公里采集
呼伦贝尔民族博物院藏

　　三件。保存完整，青铜铸造而成，前端锋尖锐，翼有
刃，底部有一圆形孔，便于插入箭铤。

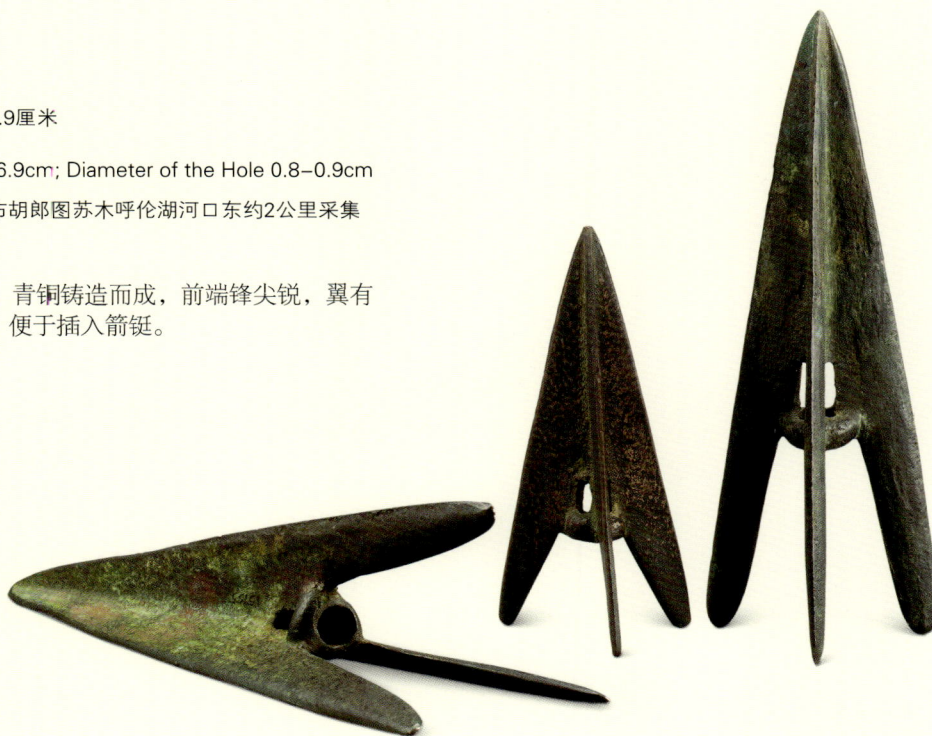

铜镞
Bronze Arrowheads

青铜时代
翼长2.3~3、孔径0.6~0.8厘米
Bronze Age
Length of the Wing 2.3–3cm; Diameter of the Hole 0.6–0.8cm

2002年新巴尔虎左旗呼伦湖东岸乌尔逊河口南约5公里采集
呼伦贝尔民族博物院藏

　　四件。青铜铸造而成，三件为三棱状，前端锋尖锐，翼有刃，底部有一圆形孔，便于插入箭铤。另一件残，呈不规则片状。

铜镞
Bronze Arrowheads

青铜时代
翼长11.4~16、孔径0.7~0.9厘米
Bronze Age
Length of the Wing 11.4–16cm; Diameter of the Hole 0.7–0.9cm

1997年新巴尔虎左旗嵯岗镇小河口采集
新巴尔虎左旗文物管理所藏

　　二件，残损。整体铸造而成，呈三棱状，前端锋尖锐，翼有刃，底部有一圆形孔，便于插入箭铤。

铜镞
Bronze Arrowheads

青铜时代
翼长2.9~16.4、宽1.5~5厘米
Bronze Age
Length of the Wing 2.9–16.4cm; Width 1.5–5cm

1997年新巴尔虎左旗嵯岗镇小河口、吉布胡郎图
苏木东乌拉采集
新巴尔虎左旗文物管理所藏

九件。青铜铸制，器体表面较粗糙，锈蚀严
重。整体呈较规则三棱锥状，从锋部向下起棱，
棱之间下凹成三个凹面，每个凹面下部皆铸有一
个方形孔，孔中空，以外凸铜环连接。后锋较
长，向外延伸，多残损。最小一镞已挤压变形。

铜镞
Bronze Arrowhead

青铜时代
翼长3.1、宽1.2厘米
Bronze Age
Length of the Wing 3.1cm; Width 1.2cm

新巴尔虎左旗嵯岗镇海拉尔河南岸遗址采集
新巴尔虎左旗文物管理所藏

器身已残，青铜铸造。整体呈三
棱体，镞尖尖锐，棱较锋利，下端呈圆
管状，用来插入木杆。

汉－北魏时期

Han and Northern Wei Period

公元前3世纪～公元6世纪
B.C.3C-A.D.6C

　　不同地区鲜卑墓葬的典型器物同出于伊和乌拉鲜卑墓中，表明至少在公元1世纪末早期鲜卑不同区域间就已有了较深层次的互动。

Artifacts from different regions of Xianbei were unearthed from Yih uul Xianbei tombs, which indicated communication among regions of Xianbei by the end of the 1st century AD.

陶罐
Pottery Jar

汉代
高13.4、口径12.2、腹径12.3、底径7厘米
Han Dynasty
Height 13.4cm; Mouth Diameter 12.2cm; Belly Diameter 12.3cm; Bottom Diameter 7cm

1996年新巴尔虎左旗嵯岗镇伊和乌拉鲜卑墓出土
呼伦贝尔民族博物院藏

　　手轮兼制。夹砂黑陶，胎质较软，胎体较厚。侈口，方唇，口沿下一周戳印斜竖线纹，竖颈，鼓腹向下斜收为小平底。器物外壁有烟炱痕迹。

陶罐
Pottery Jar

汉代
高19.5、口径14.8、腹径15、底径6.7厘米
Han Dynasty
Height 19.5cm; Mouth Diameter 14.8cm; Belly
Diameter 15cm; Bottom Diameter 6.7cm

新巴尔虎左旗嵯岗镇伊和乌拉山东南沙坑出土
呼伦贝尔民族博物院藏

　　轮制。夹砂，黑色，胎较厚。侈口，
尖圆唇，短束颈，弧腹，平底，素面。

陶壶
Pottery Vessel

汉代
高21.8、口径13.7、腹径16.7、底径10.6厘米
Han Dynasty
Height 21.8cm; Mouth Diameter 13.7cm; Belly Diameter
16.7cm; Bottom Diameter 10.6cm

1996年新巴尔虎左旗嵯岗镇伊和乌拉山东南沙坑出土
呼伦贝尔民族博物院藏

　　轮制。泥质，黄褐色。侈口，宽展沿，尖圆
唇，束颈，溜肩，圆鼓腹，平底。展沿上与颈部有
磨光痕迹，肩部有两周凹弦纹，腹部有滚压的多重
三角纹。

陶壶
Pottery Vessel

汉代
高14.9、口径8.9、腹径15.5、底径8.7厘米
Han Dynasty
Height 14.9cm; Mouth Diameter 8.9cm; Belly
Diameter 15.5cm; Bottom Diameter 8.7cm

新巴尔虎左旗嵯岗镇大桥东南采集
呼伦贝尔民族博物院藏

手制。夹砂灰陶，胎体较厚，质地
坚硬。侈口，圆唇，束颈，溜肩，鼓腹内
收，平底。口略残，颈部与肩部均饰凹弦
纹，腹部饰两圈凹弦纹，中间有一圈波浪
纹，其余为素面，局部为黑色。

铜鍑
Bronze *Fu* (Cauldron)

汉代
通高30.9、耳高2.7、口径23.4、腹径30.2、底径8厘米
Han Dynasty
Full Height 30.9cm; Height of Ear 2.7cm; Mouth Diameter
23.4cm; Belly Diameter 30.2cm; Bottom Diameter 8cm

2002年新巴尔虎左旗乌布尔宝力格苏木乌恩捐献
呼伦贝尔民族博物院藏

青铜铸造。敛口，口部有长方形带孔双立耳，
腹部有一周凸棱，自腹部以下逐渐变细，至底部达
到最小，通体素面无纹。

陶罐
Pottery Jar

鲜卑时期
高12.9、口径9.9、腹径10.4、底径6.6厘米
Xianbei Period
Height 12.9cm; Mouth Diameter 9.9cm; Belly
Diameter 10.4cm; Bottom Diameter 6.6cm

新巴尔虎左旗吉布胡郎图苏木东乌拉遗址采集
新巴尔虎左旗文物管理所藏

　　手制。夹砂陶，外壁呈灰褐色，内壁主体为灰色。侈口，残，束颈，溜肩，鼓腹向下内收，平底。素面，外壁有火烧痕迹。

陶罐
Pottery Jar

鲜卑时期
高15.5、腹径12.3、底径6.6厘米
Xianbei Period
Height 15.5cm; Belly Diameter 12.3cm; Bottom
Diameter 6.6cm

新巴尔虎左旗吉布胡郎图苏木采集
新巴尔虎左旗文物管理所藏

　　手制。泥质夹砂陶，红褐色。侈口，束颈，口部及颈部均残缺，仅存小部分口沿。溜肩，鼓腹向下内收，腹部有烟熏火烧痕迹，平底。

汉—北魏时期 │ HAN AND NORTHERN WEI PERIOD

陶罐
Pottery Jar

鲜卑时期
高11.5、口径11.1、腹径9.8、底径5.5厘米
Xianbei Period
Height 11.5cm; Mouth Diameter 11.1cm; Belly
Diameter 9.8cm; Bottom Diameter 5.5cm

新巴尔虎左旗乌布尔宝力格苏木采集
新巴尔虎左旗文物管理所藏

　　手轮兼制。夹砂黑陶，外壁呈黑褐和
黄褐色，胎质较软。敞口微残，圆唇，束
颈，长腹向底面内收，平底。素面，表面
有烟炱痕迹。

陶罐
Pottery Jar

鲜卑时期
高8.2、口径6.7、腹径7、底径4厘米
Xianbei Period
Height 8.2cm; Mouth Diameter 6.7cm; Belly
Diameter 7cm; Bottom Diameter 4cm

新巴尔虎左旗吉布胡郎图苏木采集
新巴尔虎左旗文物管理所藏

　　手制。泥质灰陶，侈口，方圆唇，口
沿下饰一周戳印纹，颈腹部有一单耳，已
残失，腹略鼓向下斜收，平底。器表有烟
熏火烧痕迹。

陶罐
Pottery Jar

鲜卑时期
高18.5、口径15.6、腹径14.9、底径8.2厘米
Xianbei Period
Height 18.5cm; Mouth Diameter 15.6cm; Belly Diameter
14.9cm; Bottom Diameter 8.2cm

1997年新巴尔虎左旗乌布尔宝力格苏木采集
新巴尔虎左旗文物管理所藏

　　手制。灰黑色，侈口，尖圆唇，口沿处有一周
戳印文，器身斜直略外弧，底部略内凹。器体有裂
纹，破损严重。

陶罐
Pottery Jar

鲜卑时期
高8.3、口径7.4、腹径7.3、底径5.6厘米
Xianbei Period
Height 8.3cm; Mouth Diameter 7.4cm; Belly Diameter
7.3cm; Bottom Diameter 5.6cm

新巴尔虎左旗呼伦湖东岸乌尔逊河口南约5公里采集
呼伦贝尔民族博物院藏

　　手制。泥质，内外壁呈灰黑色，胎质疏松，
胎体较厚。侈口，尖圆唇，短粗颈，鼓腹下收于
底，底平。器体表面有多处烟炱痕迹。

骨网坠
Bone Net Drops

鲜卑时期
长7.2~7.9、最大径0.8厘米
Xianbei Period
Length 7.2-7.9cm; Diameter less than 0.8cm

1981年新巴尔虎左旗吉布郎图苏木甘珠尔花嘎查采集
呼伦贝尔民族博物院藏

　　二件。骨质，褐色，表面有明显的刮削痕迹。器呈长柱状，中间较粗，由中间向两端渐细，两端处各有一凹槽，用以系绳。其中一件一端呈绿色，背部有裂痕，粗糙。

骨镞
Bone Arrowhead

鲜卑时期
长9.6、宽1.1、厚0.5厘米
Xianbei Period
Length 9.6cm; Width 1.1cm; Thickness 0.5cm

新巴尔虎左旗乌布尔宝力格苏木呼和诺尔遗址采集
新巴尔虎左旗文物管理所藏

　　器体扁平，呈长条梭状，中间粗，两端细，近中部两侧内凹以便于固定镞杆。镞身两侧磨制成刃，较光滑。

骨镞
Bone Arrowhead

鲜卑时期
长7.2、最宽0.8、厚0.7厘米
Xianbei Period
Length 7.2cm; Width less than 0.8cm; Thickness 0.7cm

2013年新巴尔虎左旗吉布胡郎图苏木采集
新巴尔虎左旗文物管理所藏

　　器体呈长条梭状，中间粗，两端细，中部两侧略内凹。镞铤呈圆柱形，向尾端斜收呈尖状。镞身磨制成三棱形，较光滑。

鸣镝是传递信号的工具。使用时以箭身穿过鸣镝首尾，将其安置在箭镞下端，箭射出后空气摩擦鸣镝肩部的小孔便可以产生鸣响。

骨鸣镝
Bone Whistle

鲜卑时期
长4.5、宽3.6、壁厚0.4~0.6厘米
Xianbei Period
Length 4.5cm; Width 3.6cm; Thickness of the Wall 0.4–0.6cm

新巴尔虎左旗乌布尔宝力格苏木采集
新巴尔虎左旗文物管理所藏

骨质。整体近圆柱形，首尾贯通，前段作折肩内收状，肩部对称分布四个椭圆形镂孔。

木镞
Wooden Arrowhead

鲜卑时期
长6.8、最宽0.9厘米
Xianbei Period
Length 6.8cm; Width Less than 0.9cm

2013年新巴尔虎左旗吉布胡郎图苏木东乌拉遗址周边采集
新巴尔虎左旗文物管理所藏

木质，表面呈白色，三棱状镞身，细长椎形铤，保存较完整。

铜饰件
Bronze Ornament

鲜卑时期
长3.7、宽1.1、銎径0.5厘米
Xianbei Period
Length 3.7cm; Width 1.1cm; Diameter of the Qiong (the Hole for Inserting Handle in) 0.5cm

新巴尔虎左旗乌布尔宝力格苏木采集
新巴尔虎左旗文物管理所藏

　　器体上部正面近扇形，其上有纹饰，下部连接管銎，銎上有镂空，应为铊尾。

金饰件
Gold Ornament

汉代
长7、宽0.5、厚0.01厘米，重1.5克
Han Dynasty
Length 7cm; Width 0.5cm; Thickness 0.01cm; Weight 1.5gram

1996年新巴尔虎左旗嵯岗镇伊和乌拉山西南沙坑M2出土
呼伦贝尔民族博物院藏

　　金质，锤鍱法制成，极薄。器呈弧形，中间宽，两端向内弯曲。

煤精饰件
Jet Ornament

汉代
长4.2、宽1.2、孔径0.4、厚0.8厘米
Han Dynasty
Length 4.2cm; Width 1.2cm; Diameter of
the Hole 0.4cm; Thickness 0.8cm

2008年新巴尔虎左旗吉布胡郎图苏木采集
新巴尔虎左旗文物管理所藏

　　黑色，通体磨光。器长条形，一端
有一圆孔，对钻而成。

煤精饰件
Jet Ornament

汉代
长5.8、宽2、厚0.5厘米
Han Dynasty
Length 5.8cm; Width 2cm; Thickness 0.5cm

新巴尔虎左旗吉布胡郎图苏木采集
新巴尔虎左旗文物管理所藏

　　通体磨光。器呈近长方形，一端有
破损。

煤精璧
Jet *Bi* (a falt disk having a circular
concentric orifice in the center)

汉代
外径6.8、内径2.3、厚0.5厘米
Han Dynasty
Exterior Diameter 6.8cm; Interior
Diameter 2.3cm; Thickness 0.5cm

新巴尔虎左旗吉布胡郎图苏木乌尔
逊河口南5公里采集
呼伦贝尔民族博物院藏

　　黑色，表面凹凸不平，器
身上有一对钻的小圆孔。

隋唐时期
Sui and Tang Period

公元6世纪~10世纪
A.D. 6C-10C

　　此时期室韦部落主要分布在呼伦湖周围和大兴安岭地区。至迟在贞元九年（793年），唐政府设置室韦都督府，室韦诸部与唐朝关系更加密切。

Shiwei people lived around the Hulun Lake and the Greater Khingan Mountains at this time. By the end of 793, under administrative organization set by Tang government, all Shiwei people were much more closer to Tang government.

陶罐
Pottery Jar

隋唐时期
高15、口径10、腹径10、底径8厘米
Sui and Tang Period
Height 15cm; Mouth Diameter 10cm; Belly Diameter 10cm; Bottom Diameter 8cm

新巴尔虎左旗乌布尔宝力格苏木采集
新巴尔虎左旗文物管理所藏

　　手制。夹砂黑陶，内、外壁均呈黑色和黄褐色，胎质疏松，胎体较厚。直口略外敞，方圆唇，长弧腹近底部内收，平底，底部破损。外唇沿和颈部附加三层凸泥带，压印圆圈纹，腹部附加一层凸泥带，压印圆圈纹，六条短竖泥条垂直于腹部凸泥带，亦压印圆圈纹，有烟炱痕迹。

陶罐
Pottery Jar

隋唐时期
高18.6、口径17.4、腹径14.7、底径9.4厘米
Sui and Tang Period
Height 18.6cm; Mouth Diameter 17.4cm; Belly
Diameter 14.7cm; Bottom Diameter 9.4cm

新巴尔虎左旗乌布尔宝力格苏木采集
新巴尔虎左旗文物管理所藏

　　轮制。夹砂陶，呈灰褐色和黄褐色，陶质较硬，胎体略薄。侈口，圆唇，颈部微束，长鼓腹向底部内收，凹底。陶器口沿下部饰有两圈凸弦纹，其中第二圈弦纹上戳印点状纹饰。颈部上下压印五圈短竖线纹，上部三圈与下部两圈相距较远，表面有烟炱痕迹。

陶罐
Pottery Jar

隋唐时期
高13.3、口径13.2、腹径11.3、底径7厘米
Sui and Tang Period
Height 13.3cm; Mouth Diameter 13.2cm; Belly
Diameter 11.3cm; Bottom Diameter 7cm

新巴尔虎左旗吉布胡郎图苏木采集
新巴尔虎左旗文物管理所藏

　　手制。灰褐色，方圆唇外凸，束颈，背面有一裂纹，裂纹两侧各有两个直径0.6厘米的孔洞，两个在口沿下，两个在腹部。口沿下外壁饰一圈宽1厘米的凸棱，凸棱下可见一周戳印纹，颈部和肩部分别压印一周短竖线纹，底部内凹。器体有灼烧痕迹。

陶罐
Pottery Jar

隋唐时期
高17.3、口径13.8、腹径11.8、底径8.3厘米
Sui and Tang Period
Height 17.3cm; Mouth Diameter 13.8cm; Belly
Diameter 11.8cm; Bottom Diameter 8.3cm

1997年新巴尔虎左旗乌布尔宝力格苏木采集
新巴尔虎左旗文物管理所藏

　　轮制。夹砂陶，外壁为灰褐色或黑色，内壁灰褐色，胎质粗糙。侈口，平沿，方唇，鼓腹筒形。口沿下外壁饰两圈凸棱，第一圈凸棱宽约0.7厘米，第二圈凸棱宽约0.36厘米。第二圈凸棱上可见戳印纹，凸棱之下有一圈1厘米宽的竖线戳印纹，再向下1.5厘米处又为一圈1厘米宽的竖线戳印纹，底内凹。表面可见烟炱痕迹。

陶罐
Pottery Jar

隋唐时期
高7、口径8.1、腹径7.3、底径5.4厘米
Sui and Tang Period
Height 7cm; Mouth Diameter 8.1cm; Belly
Diameter 7.3cm; Bottom Diameter 5.4cm

新巴尔虎左旗乌布尔宝力格苏木采集
新巴尔虎左旗文物管理所藏

　　手制。泥质红陶，内壁红色，胎质较
硬，胎体略厚。侈口，圆唇，束颈，腹略
鼓，平底。素面，表面残有烟熏痕迹。

陶罐
Pottery Jar

隋唐时期
高14.2、口径11.1、腹径11.7、底径6.6厘米
Sui and Tang Period
Height 14.2cm; Mouth Diameter 11.1cm; Belly
Diameter 11.7cm; Bottom Diameter 6.6cm

新巴尔虎左旗乌布尔宝力格苏木采集
新巴尔虎左旗文物管理所藏

　　轮制。泥质，外壁灰褐色，内壁黑
色，陶质较硬，胎体略薄。侈口，圆唇，
口沿和内壁有白色粉末痕迹，口沿下部有
一圈刻划纹，平底。素面，表面因烟炱而
呈黑色。

陶罐
Pottery Jars

隋唐时期
左：高10、口径10.2、腹径8.6、底径5.1厘米
右：高6.4、口径6.6、腹径5.1、底径3厘米
Sui and Tang Period
Left: Height 10cm; Mouth Diameter 10.2cm; Belly Diameter 8.6cm;
Bottom Diameter 5.1cm
Right: Height 6.4cm; Mouth Diameter 6.6cm; Belly Diameter 5.1cm;
Bottom Diameter 3cm

新巴尔虎左旗吉布胡郎图苏木甘珠尔花嘎查南25公里乌尔逊河采集
呼伦贝尔民族博物院藏

　　二件，轮制。泥质灰陶，胎质较粗硬，胎体较厚。皆为敞口，左侧陶罐为尖唇，右侧陶罐为圆唇，唇部皆有横纹，短粗颈，颈部刻划不规则波浪纹。小腹下收于底，小平底略内凹。器表皆有烟炱痕迹。

陶罐
Pottery Jar

隋唐时期
高9.9、口径10.9、腹径9.7、底径5.2厘米
Sui and Tang Period
Height 9.9cm; Mouth Diameter 10.9cm; Belly Diameter
9.7cm; Bottom Diameter 5.2cm

1997年新巴尔虎左旗乌布尔宝力格苏木采集
新巴尔虎左旗文物管理所藏

  轮制。泥质灰陶，侈口，圆唇，唇下饰一周凹弦纹，弦纹下饰一周斜线戳印纹。束颈，颈下饰一周三角戳印纹，纹饰部分不甚清晰，腹微鼓向下斜收，平底内凹，轮制痕迹明显。器表有烟熏火烧痕迹。

陶罐
Pottery Jar

隋唐时期
高10.9、口径12.4、腹径10.2、底径6.5厘米
Sui and Tang Period
Height 10.9cm; Mouth Diameter 12.4cm; Belly
Diameter 10.2cm; Bottom Diameter 6.5cm

新巴尔虎左旗乌布尔宝力格苏木出土
呼伦贝尔民族博物院藏

  轮制。夹砂，灰褐色，胎较厚。侈口，平沿，颈部微内收，直腹，底略内凹。颈部有一圈凸弦纹，颈下部及腹上部有戳印篦纹，器底有明显切割痕迹。

陶罐
Pottery Jar

隋唐时期
高13.2、口径9.8、腹径13、底径8.4厘米
Sui and Tang Period
Height 13.2cm; Mouth Diameter 9.8cm; Belly Diameter
13cm; Bottom Diameter 8.4cm

新巴尔虎左旗乌布尔宝力格苏木采集
新巴尔虎左旗文物管理所藏

　　轮制。黄褐色，侈口，方圆唇，唇上有一圈
凹痕，束颈，鼓腹，底略内凹。器表光滑，有烟熏
痕迹，下部略有残损。

陶罐口沿
Pottery Rims

隋唐时期
左：残长13.4、残宽8.2厘米
右：残长11.1、残宽12厘米
Sui and Tang Period
Left: Length of the Remains 13.4cm; Width of the Remains 8.2cm
Right: Length of the Remains 11.1cm; Width of the Remains 12cm

新巴尔虎左旗乌布尔宝力格苏木采集
新巴尔虎左旗文物管理所藏

二件。均残，制法、质地、器形和纹饰一致。轮制，夹砂灰陶，胎质粗厚。直口，圆唇，腹部略鼓，腹部以上位置均有一个钻孔。口沿以下有一圈凸弦纹，再下装饰三圈压印篦点纹。

陶罐
Pottery Jar

隋唐时期
高13.1、口径13.9、腹径11.1、底径6.5厘米
Sui and Tang Period
Height 13.1cm; Mouth Diameter 13.9cm; Belly
Diameter 11.1cm; Bottom Diameter 6.5cm

新巴尔虎左旗乌布尔宝力格苏木采集
新巴尔虎左旗文物管理所藏

　　轮制。夹砂灰陶，器物残缺部分口沿与
腹部，侈口，方圆唇外凸，唇上施两道凹弦
纹，束颈，颈下饰一周连弧纹，连弧纹下饰
一道凹弦纹，腹微鼓向下斜收，底略内凹。
器体有烟熏火烧痕迹。

陶罐
Pottery Jar

隋唐时期
高20.6、腹径15.7、底径9.5厘米
Sui and Tang Period
Height 20.6cm; Belly Diameter 15.7cm; Bottom
Diameter 9.5cm

新巴尔虎左旗乌布尔宝力格苏木采集
新巴尔虎左旗文物管理所藏

　　手制。夹砂灰陶，器物残缺部分口沿
与腹部，侈口，方圆唇，唇上施一道凹弦
纹，束颈，腹微鼓向下斜收，底略内凹。
器表粗糙，有烟熏火烧痕迹。

陶壶
Pottery Vessel

隋唐时期
高28、口径9.1、腹径16.1、底径8厘米
Sui and Tang Period
Height 28cm; Mouth Diameter 9.1cm; Belly
Diameter 16.1cm; Bottom Diameter 8cm

新巴尔虎左旗乌布尔宝力格苏木采集
新巴尔虎左旗文物管理所藏

　　轮制。泥质灰陶，侈口，方圆唇，长颈，颈部横向饰两周凹弦纹以及一周纵向竖弦纹。溜肩，鼓腹，腹部饰拍印短线纹，底部内凹。罐内轮制痕迹清晰。

石人
Stone Statue

隋唐时期
高139.2、宽47.5、厚23.5厘米
Sui and Tang Period
Height 139.2cm; Width 47.5cm; Thickness 23.5cm

2000年新巴尔虎左旗乌布尔宝力格苏木阿拉坦达嘎查采集
新巴尔虎左旗文物管理所藏

　　黄褐色页岩切削而成，表面粗糙可见石皮。整
体扁长，石人形象通过对石材的切削和刻画抽象地
表现。石人脸部长49.3、宽43.5厘米，两眼呈柳叶
形，相距较近。鼻部微残，窄长突出，鼻下通过刻
画表现出嘴、胡须以及圆弧的下巴。脸部以下还可
见下垂的手部和分立的两足及男性生殖器，均是通
过切削大块石材简单表现，整体粗犷而形象。

石人
Stone Statue

隋唐时期
高53.5、宽26.4~52.5、厚10.5~18.2厘米
Sui and Tang Period
Height 53.5cm; Width 26.4–52.5cm; Thickness 10.5–18.2cm

2005年新巴尔虎左旗阿木古郎镇特尔格草原出土
新巴尔虎左旗文物管理所藏

　　黄褐色页岩，石质粗糙。人面近圆形，直径
26.5厘米，以浅浮雕手法表现，人面中脊凸出，形
成一虎鼻，五官分布于虎鼻两侧，脸部右侧有表现
"劈面"的凹痕。此一表现上半身的石人应出土于
墓葬附近。

宋辽金元明清时期

Song to Qing Period

公元10世纪～20世纪初
A.D.10C-the Early 20C

辽政权对已征服的室韦部进行调整改编，设置政区管辖，同时，修建边防城与边壕相互呼应。在城址中发现的铁犁铧、石磨盘等是辽廷推行发展农业、屯垦戍边政策的反映，这在金代得到延续。元朝设置蒙古东路万户府，遍设驿道、驿站。

After being conquered by Liao government, Shiwei tribe was reorganized and administrative organization was set. At that time cities and defensive moats were bulit. Discoveries of iron ploughshares and stone saddle-querns in the city ruins refelcted agricultural project and station troops for opening up wasteland in Liao Dynasty. It was continued in Jin Dynasty. Brigade of Eastern Mongolia was set in Yuan Dynasty, and many post stations were also set.

铜钱
Copper Cash

北宋
直径2厘米
Northern Song
Diameter 2cm

新巴尔虎左旗嵯岗镇海拉尔河南岸遗址采集
新巴尔虎左旗文物管理所藏

元丰通宝（1078~1085年），青铜铸造，无内廓，外廓宽缘，钱穿较宽，薄肉。前文篆行成对，回读，背素。

铜钱
Copper Cash

北宋
外径2.2~3.8、方孔边长0.4~0.9厘米
Northern Song
Exterior Diameter 2.2-3.8cm; Length of Side of the Hole 0.4-0.9cm

新巴尔虎左旗甘珠尔苏木哈拉哈河北岸578界桩北窑址采集
新巴尔虎左旗文物管理所藏

12枚。形制皆为外圆内方，大小不一，多数锈蚀严重。咸平元宝（998~1003年）一枚，祥符通宝（1008~1016年）一枚，嘉祐元宝(1056~1063年)一枚，元祐通宝(1086~1094年)两枚，崇宁重宝（1102~1106年）两枚，崇宁通宝（1102~1106年）四枚，大观通宝（1107~1110年）一枚。

新巴尔虎左旗甘珠尔苏木哈拉哈河578界桩北窑址（由南往北）
Kiln Site to the North of NO.578 Boundary Marker of the Halah River in
Ganjur Sum in Xin Barag Left Banner (From South to North)

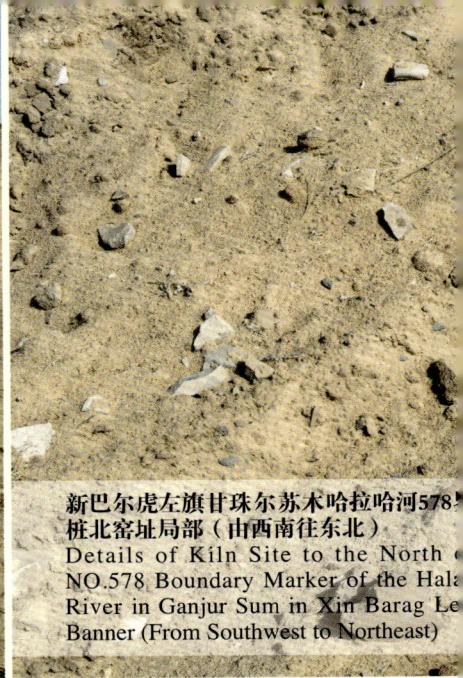

新巴尔虎左旗甘珠尔苏木哈拉哈河578界
桩北窑址局部（由西南往东北）
Details of Kiln Site to the North
NO.578 Boundary Marker of the Hala
River in Ganjur Sum in Xin Barag Le
Banner (From Southwest to Northeast)

　　哈拉哈河578界桩北窑址在哈拉哈河北岸，位于甘珠尔苏木巴音塔拉嘎查南8公里，额布都格口岸西北4公里，额布都格中蒙边境578段防火道内。因防火道每年例行一次翻耕，翻出大量青砖及瓦片残片而发现。在地表散布青砖及瓦片等，可知为两处窑址，两窑相距50米。由于在防火道中心地段翻耕时遭到破坏，已无法辨清窑址的性质。

新巴尔虎左旗甘珠尔苏木哈拉哈河578界桩北窑址（由东南往西北）
Kiln Site to the North of NO.578 Boundary Marker of the Halah River in
Ganjur Sum in Xin Barag Left Banner (From Southeast to Northwest)

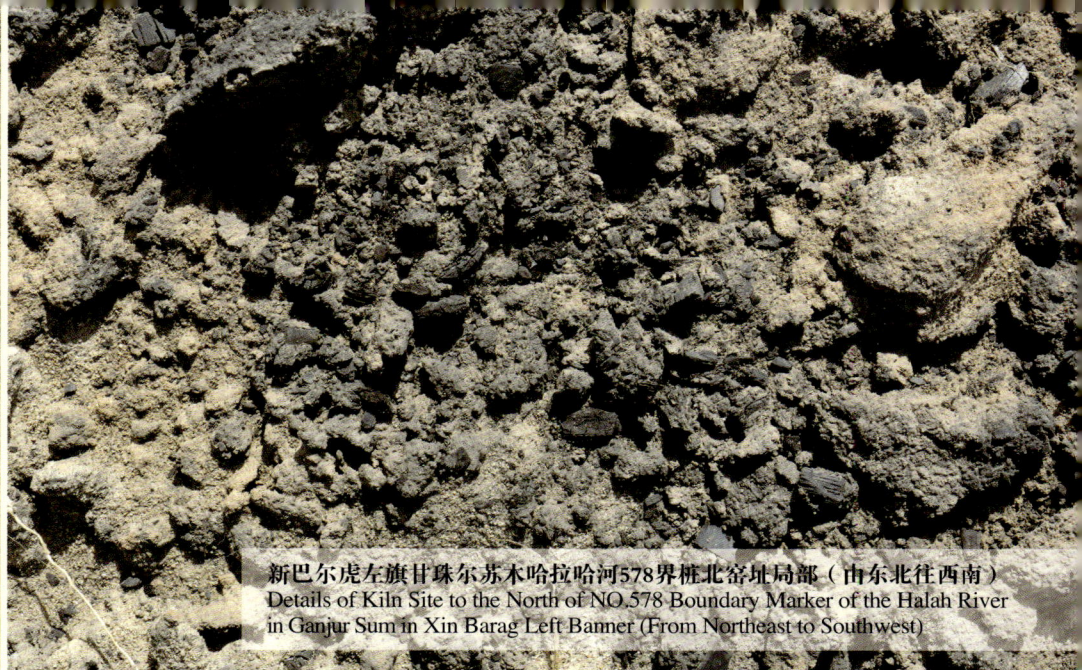

新巴尔虎左旗甘珠尔苏木哈拉哈河578界桩北窑址局部（由东北往西南）
Details of Kiln Site to the North of NO.578 Boundary Marker of the Halah River in Ganjur Sum in Xin Barag Left Banner (From Northeast to Southwest)

新巴尔虎左旗甘珠尔苏木哈拉哈河578界桩北窑址局部（由北往南）
Details of Kiln Site to the North of NO.578 Boundary Marker of the Halah River in Ganjur Sum in Xin Barag Left Banner (From North to South)

新巴尔虎左旗甘珠尔苏木哈拉哈河578界桩北窑址局部（由北往南）
Details of Kiln Site to the North of NO.578 Boundary Marker of the Halah River in Ganjur Sum in Xin Barag Left Banner (From North to South)

陶壶
Pottery Vessel

辽代
高28.5、口径9.5、腹径16.5、底径8.5厘米
Liao Dynasty
Height 28.5cm; Mouth Diameter 9.5cm; Belly
Diameter 16.5cm; Bottom Diameter 8.5cm

新巴尔虎左旗乌布尔宝力格苏木采集
新巴尔虎左旗文物管理所藏

　　轮制。泥质黑陶，侈口，圆唇，长颈，溜肩，鼓腹向下内收，底内凹。颈中部有一周凸弦纹，颈肩交界处有一周连接痕迹，腹部至底部均匀地分布短竖线纹，底部可见轮制的同心纹。

陶罐
Pottery Jar

辽代
高27.6、口径11.1、腹径16.2、底径8.8厘米
Liao Dynasty
Height 27.6cm; Mouth Diameter 11.1cm; Belly
Diameter 16.2cm; Bottom Diameter 8.8cm

1997年新巴尔虎左旗伊和乌拉山西南河边采集
呼伦贝尔民族博物院藏

　　轮制。泥质黑陶，器体感觉较轻。卷
沿，圆唇，喇叭口，颈部施有连续"M"
形纹，其下有一圈凸弦纹，弦纹以下至腹
部可见横向磨光痕迹，腹部以下饰有箆点
纹，底略内凹，可见明显轮制痕迹。罐身
有一道纵向倾斜裂纹，沿裂纹两侧有七个
钻孔，疑为四对，为后来修补痕迹。

陶罐
Pottery Jar

辽代
高19.5、口径9、腹径13.5、底径5.3厘米
Liao Dynasty
Height 19.5cm; Mouth Diameter 9cm; Belly
Diameter 13.5cm; Bottom Diameter 5.3cm

1997年新巴尔虎左旗嵯岗镇伊和乌拉山西南河边采集
呼伦贝尔民族博物院藏

　　轮制。泥质，黄褐色，器表较为粗糙。
侈口，口沿残，束颈，溜肩，鼓腹，肩以下至
底部装饰几周分布不均匀的短竖线纹（箆齿
纹），平底微凹。

陶罐
Pottery Jar

辽代
高22、口径10.4、腹径14、底径7.9厘米
Liao Dynasty
Height 22cm; Mouth Diameter 10.4cm; Belly
Diameter 14cm; Bottom Diameter 7.9cm

新巴尔虎左旗吉布胡郎图苏木甘珠尔花嘎查采集
呼伦贝尔民族博物院藏

　　轮制。夹砂灰陶，胎体较薄，质地
坚硬。侈口，圆唇，直颈，溜肩，鼓腹内
收，至底部饰戳印纹，底内凹。器体颈部
有轮制痕迹，底部可见轮制后的环状纹。

陶罐
Pottery Jar

辽代
高33、口径13.3、腹径15.4、底径9厘米
Liao Dynasty
Height 33cm; Mouth Diameter 13.3cm; Belly
Diameter 15.4cm; Bottom Diameter 9cm

1981年征集
呼伦贝尔民族博物院藏

　　轮制。泥质灰陶，质地坚硬，胎体
较薄。侈口，圆唇，长颈，溜肩，鼓腹内
收，底略内凹。颈上饰一圈凸棱，肩以上
均有约0.9厘米间隔的数条较光滑的竖线
纹，肩上有一圈凸棱，腹部至底部施满戳
印纹。器体内部可见轮制加工痕迹。

陶罐

Pottery Jar

辽代
高23、口径10、腹径14、底径9厘米
Liao Dynasty
Height 23cm; Mouth Diameter 10cm; Belly
Diameter 14cm; Bottom Diameter 9cm

1991年新巴尔虎左旗吉布胡郎图苏木甘珠尔花
嘎查金山家西墙外出土
呼伦贝尔民族博物院藏

　　轮制。泥砂质红褐陶，局部夹杂黑
色。平口，口沿宽1.4厘米，圆唇，长直
颈，长鼓腹，平底微凹，有轮制痕迹。
自腹部至底部装饰几周短竖线纹（篦齿
纹），分布不均匀，最上方一周的纹饰为
倒三角形，其余皆为长方形。

陶罐

Pottery Jar

辽代
高24.4、口径12.3、腹径15、底径8.2厘米
Liao Dynasty
Height 24.4cm; Mouth Diameter 12.3cm; Belly
Diameter 15cm; Bottom Diameter 8.2cm

1989年新巴尔虎左旗吉布胡郎图苏木采集
呼伦贝尔民族博物院藏

　　轮制。夹砂灰陶，侈口，折沿，圆
唇，口沿部分残缺，束颈，鼓腹，腹部饰
戳印纹，有腐蚀的漏孔，底部内凹。

宋辽金元明清时期 | SONG TO QING PERIOD

105

陶罐
Pottery Jar

辽代
高13.5、口径6.5、鼓腹10.8、底径5.4厘米
Liao Dynasty
Height 13.5cm; Mouth Diameter 6.5cm; Belly
Diameter 10.8cm; Bottom Diameter 5.4cm

1991年新巴尔虎左旗吉布胡郎图苏木甘珠尔花
石板墓M1出土
呼伦贝尔民族博物院藏

　　轮制。泥质灰褐陶，小敞口，口部残
缺，有修复痕迹，束颈，颈部有一周凹线
纹，圆鼓腹，底部略凹，通体素面磨光。

陶罐
Pottery Jar

辽代
高12.3、口径7.6、腹径10、底径5.6厘米
Liao Dynasty
Height 12.3cm; Mouth Diameter 7.6cm; Belly
Diameter 10cm; Bottom Diameter 5.6cm

新巴尔虎左旗乌布尔宝力格苏木采集
新巴尔虎左旗文物管理所藏

　　轮制。黑陶，胎体较薄。侈口，圆
唇，长颈，折肩，鼓腹下收于底，小平底
稍向内凹。口沿有一处残缺、开裂。腹部
下半部密集压印有数圈短竖线纹。器身较
光滑，器底粗糙，器体表面有烟炱痕迹。

陶罐
Pottery Jar

辽代
高23.8、口径14.2、腹径19.5、底径10厘米
Liao Dynasty
Height 23.8cm; Mouth Diameter 14.2cm; Belly
Diameter 19.5cm; Bottom Diameter 10cm

新巴尔虎左旗乌布尔宝力格苏木呼和诺尔遗址采集
新巴尔虎左旗文物管理所藏

　　轮制。泥质灰陶，内外壁均呈灰色，胎
质较硬，胎体略厚。侈口，方唇，束颈，溜
肩，肩部有一单钻而成的圆孔，直径0.8厘
米，鼓腹向底部内收，平底。口沿、肩部、
底部均有多圈线条，底部布满凸起的线条。
器体局部有破损。

陶罐
Pottery Jar

辽代
高26、口径10.3、腹径18.7、底径9.2厘米
Liao Dynasty
Height 26cm; Mouth Diameter 10.3cm; Belly
Diameter 18.7cm; Bottom Diameter 9.2cm

新巴尔虎左旗乌布尔宝力格苏木采集
新巴尔虎左旗文物管理所藏

　　轮制。泥质，褐色，胎体较厚，器形
规整。侈口，尖圆唇，长束颈，折肩，折
肩处可见残存的红彩，鼓腹向下内收，下
腹部有戳印篦点纹，内底部有圆形凸起，
底内凹。

陶罐
Pottery Jar

辽代
残高22.5、腹部16.1厘米
Liao Dynasty
Height of the Remains 22.5cm; Belly Diameter 16.1cm

新巴尔虎左旗乌布尔宝力格苏木采集
新巴尔虎左旗文物管理所藏

　　轮制。泥质黄陶，胎质坚硬，胎体较薄。口沿与底部均残，束颈，鼓腹内收，颈部饰一圈凸棱，腹部上半部为素面，下半部施六圈戳印纹。

陶罐
Pottery Jar

辽代
高14.5、口径12.3、腹径16.5、底径7.5厘米
Liao Dynasty
Height 14.5cm; Mouth Diameter 12.3cm; Belly Diameter 16.5cm; Bottom Diameter 7.5cm

新巴尔虎左旗吉布胡郎图苏木甘珠尔花嘎查金山家M3旁采集
呼伦贝尔民族博物院藏

　　轮制。泥质灰陶，胎较厚。侈口，口残，尖唇，短直颈，溜肩，鼓腹，腹中部有一圈戳印篦纹，腹下部内收，平底。

陶罐
Pottery Jar

辽代
高23.6、口径6.6、器身最大径12.6、底径8.5厘米
Liao Dynasty
Height 23.6cm; Mouth Diameter 6.6cm; Belly Diameter
less than 12.6cm; Bottom Diameter 8.5cm

新巴尔虎左旗乌布尔宝力格苏木采集
新巴尔虎左旗文物管理所藏

　　轮制。泥砂质黑陶，陶质较硬，胎体略薄。侈口，口微残，圆唇，短直颈，圆溜肩，深腹内收，凹底。底部饰有五重压印的倒三角纹，颈部和肩部可见明显轮制痕迹。

陶葫芦瓶
Gourd-shaped Pottery Vase

辽代
高7、口径2.4、腹径2.4、底径1.8厘米
Liao Dynasty
Height 7cm; Mouth Diameter 2.4cm; Belly
Diameter 2.4cm; Bottom Diameter 1.8cm

新巴尔虎左旗乌布尔宝力格苏木采集
新巴尔虎左旗文物管理所藏

　　轮制。泥质黑陶，陶质较硬。
器呈葫芦形，口部残，腹部有一周
弦纹，平底。口沿处可见明显轮制痕
迹，通体磨光。

陶罐
Pottery Jar

辽代
高11.6、口径10.7、腹径12.4、底径7.2厘米
Liao Dynasty
Height 11.6cm; Mouth Diameter 10.7cm; Belly
Diameter 12.4cm; Bottom Diameter 7.2cm

新巴尔虎左旗乌布尔宝力格苏木采集
新巴尔虎左旗文物管理所藏

　　轮制。泥质灰陶，内外壁均呈灰褐色。
侈口，口沿微残，圆唇，束颈，鼓腹内收，腹
部下半部分饰戳印纹，底内凹，底部可见轮制
后的环状纹，内底亦可见轮制痕迹。

陶罐
Pottery Jar

辽代
残高14.4、腹径14.5、底径5.7厘米
Liao Dynasty
Height of the Remains 14.4cm; Belly Diameter
14.5cm; Bottom Diameter 5.7cm

新巴尔虎左旗乌布尔宝力格苏木采集
新巴尔虎左旗文物管理所藏

　　轮制。夹砂陶，褐色，胎体轻薄。口部残损，可见束颈，溜肩，球腹，腹以下压印短竖线纹，平底。陶罐内、外部都施有一层薄的黑色釉，仅底部露胎，器身可见明显的轮制痕迹。

陶罐
Pottery Jar

辽代
高8.1、口径4、腹径7.5、底径3.5厘米
Liao Dynasty
Height 8.1cm; Mouth Diameter 4cm; Belly Diameter
7.5cm; Bottom Diameter 3.5cm

2002年新巴尔虎左旗乌布尔宝力格苏木出土
呼伦贝尔民族博物院藏

　　轮制。夹砂黑陶，胎质较硬，胎体较厚。口部残，微侈，直颈内束，球腹，圈足，足部有短竖线压印纹。

陶罐
Pottery Jar

辽代
残高20.8、口径13、腹径22.6厘米
Liao Dynasty
Height of the Remains 20.8cm; Mouth Diameter
13cm; Belly Diameter 22.6cm

新巴尔虎左旗乌布尔宝力格苏木采集
新巴尔虎左旗文物管理所藏

　　轮制。夹砂灰陶，胎体厚重。侈口，尖
圆唇，束颈，球腹，底部残缺。器体素面，
内外均有火烧痕迹，呈红褐色或黑色。

陶罐
Pottery Jar

辽代
残高26.7、腹径15.6、底径11.8厘米
Liao Dynasty
Height of the Remains 26.7cm; Belly Diameter
15.6cm; Bottom Diameter 11.8cm

新巴尔虎左旗乌布尔宝力格苏木采集
新巴尔虎左旗文物管理所藏

　　轮制。泥质灰陶，器物口沿残缺，腹
部略鼓呈筒状，部分破损，平底。器物轮
制痕迹明显，表面有火烧痕迹。

陶罐
Pottery Jar

辽代
残高14.9、腹径15.2、底径7.5厘米
Liao Dynasty
Height of the Remains 14.9cm; Belly Diameter
15.2cm; Bottom Diameter 7.5cm

新巴尔虎左旗乌布尔宝力格苏木采集
新巴尔虎左旗文物管理所藏

　　轮制。泥质黑陶，胎质较硬，胎体较薄。口沿破损，颈部施两圈戳印纹，有三个直径0.6厘米的圆孔，溜肩，鼓腹内收，腹部至底部施满戳印纹，底内凹，底部可见轮制痕迹。

陶罐
Pottery Jar

辽代
残高12.9、腹径15.1、底径10.3厘米
Liao Dynasty
Height of the Remains 12.9cm; Belly Diameter
15.1cm; Bottom Diameter 10.3cm

新巴尔虎左旗乌布尔宝力格苏木采集
新巴尔虎左旗文物管理所藏

　　轮制。夹砂红陶，胎体较薄。器物残留腹部下半部分，其上施一圈戳印纹，底残，内凹，底部可见轮制后的环状纹，罐内亦可见轮制痕迹。

陶罐口沿
Pottery Rim

辽代
残高7.7、直径8.4厘米
Liao Dynasty
Height of the Remains 7.7cm; Diameter 8.4cm

新巴尔虎左旗乌布尔宝力格苏木采集
新巴尔虎左旗文物管理所藏

　　轮制。泥质灰陶，胎体较厚，胎质坚硬，破损严重。可见侈口，尖唇，口沿下施两圈戳印纹，两圈间隔3.4厘米，壁内可见轮制痕迹。

陶罐口沿
Pottery Rim

辽代
残长18、残宽21.6厘米
Liao Dynasty
Length of the Remains 18cm; Width of the Remains 21.6cm

新巴尔虎左旗乌布尔宝力格苏木采集
新巴尔虎左旗文物管理所藏

　　轮制。泥质灰陶，胎体较厚，胎质坚硬。仅残留口沿部分，束颈，口沿下残存一道弦纹，颈部残存一圈凸棱。

陶瓷口沿
Pottery Rim

辽代
残高17.8、残宽37.2、厚0.6厘米
Liao Dynasty
Height of the Remains 17.8cm; Width of
the Remains 37.2cm; Thickness 0.6cm

新巴尔虎左旗乌布尔宝力格苏木采集
新巴尔虎左旗文物管理所藏

　　轮制。泥质灰陶，器体较薄，残
存部分口沿，侈口，卷沿，圆唇，口
沿下饰连弧纹，连弧纹下饰戳印纹。
器表颜色不均，轮制痕明显。

陶罐残片
Shard of a Pottery Jar

辽代
残高11、残宽17.6、底径14.6厘米
Liao Dynasty
Height of the Remains 11cm; Width of the
Remains 17.6cm; Bottom Diameter 14.6cm

新巴尔虎左旗乌布尔宝力格苏木采集
新巴尔虎左旗文物管理所藏

　　轮制。夹砂灰陶，底部可见部分饰
戳印纹，底内凹，有火烧痕迹。

陶器口沿
Pottery Rim

辽代
残长22、残宽8厘米
Liao Dynasty
Length of the Remains 22cm; Width
of the Remains 8cm

新巴尔虎左旗乌布尔宝力格苏木采集
新巴尔虎左旗文物管理所藏

　　泥质灰陶，胎体较薄，胎质
较硬。器物仅剩部分口沿，口沿
为平口，尖圆唇，口部以下饰一
圈戳印短竖线纹。

陶壶残片
Shard of a Pottery Vessel

辽代
残长17.1、残宽12.1、厚0.7厘米
Liao Dynasty
Length of the Remains 17.1cm; Width of the
Remains 12.1cm; Thickness 0.7cm

新巴尔虎左旗乌布尔宝力格苏木采集
新巴尔虎左旗文物管理所藏

　　泥质，黑色，胎质细腻。在两条双凹
弦纹带中间刻划网纹。

陶罐口沿
Pottery Rim

辽代
残长17.5、残宽12.7、厚0.9厘米
Liao Dynasty
Length of the Remains 17.5cm; Width of the
Remains 12.7cm; Thickness 0.9cm

新巴尔虎左旗乌布尔宝力格苏木采集
新巴尔虎左旗文物管理所藏

　　夹砂，灰色。口沿残片，侈口，圆唇，
饰三条凹凸弦纹、三条戳印箆点纹。

陶罐残片
Shard of a Pottery Jar

辽代
残长17.2、残宽10.2、厚0.7厘米
Liao Dynasty
Length of the Remains 17.2cm; Width of the Remains
10.2cm; Thickness 0.7cm

新巴尔虎左旗乌布尔宝力格苏木采集
新巴尔虎左旗文物管理所藏

　　轮制。泥质，灰褐色。纹饰有规整的戳印
三角纹、不规则的戳印纹和矩形纹，矩形纹呈
曲线或直线分布。器内壁有明显轮制痕迹。

陶片
Pottery Shard

辽代
残长15.5、残宽18.5厘米
Liao Dynasty
Length of the Remains 15.5cm; Width of the
Remains 18.5cm

新巴尔虎左旗乌布尔宝力格苏木采集
新巴尔虎左旗文物管理所藏

　　外壁为浅灰色，内壁为深灰色，陶
片为颈部到腹部之上的残留部分，颈部
分布一周宽5.3厘米的戳印纹。

陶壶残片
Shard of a Pottery Vessel

辽代
口径10.4、器耳长5.1、器耳宽1.5、厚0.9厘米
Liao Dynasty
Mouth Diameter 10.4cm; Length of the Ear5.1cm;
Width of the Ear 1.5cm; Thickness 0.9cm

新巴尔虎左旗乌布尔宝力格苏木采集
新巴尔虎左旗文物管理所藏

　　泥质，红色，胎质粗糙。器残缺较甚，侈口，圆唇，高领，溜肩，曲尺形耳，耳上有一圆孔。颈部有指压纹，腹部有刻划的双凹弦纹和三角纹。器表有烟炱痕迹。

陶器口沿
Pottery Rim

辽代
残长11、残宽8厘米
Liao Dynasty
Length of the Remains 11cm; Width of the Remains 8cm

新巴尔虎左旗乌布尔宝力格苏木采集
新巴尔虎左旗文物管理所藏

　　灰褐色，陶质较硬，器壁较厚。陶器残存的部分口沿，平沿，圆唇，残件下部戳印密集篦点纹。

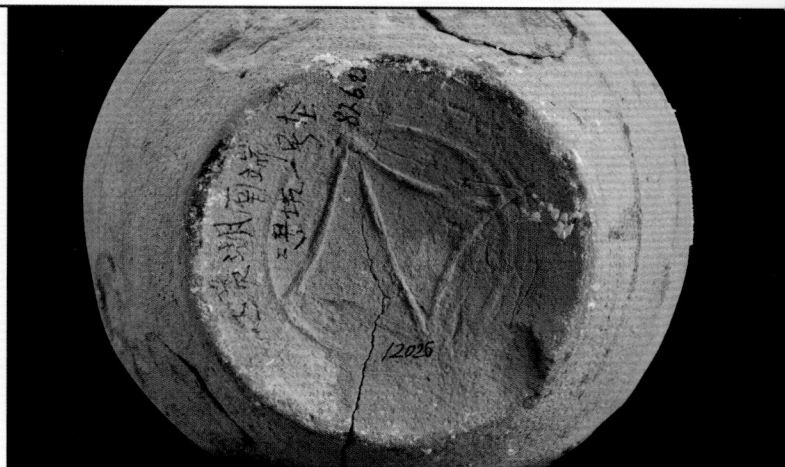

陶罐
Pottery Jar

辽金时期
高15.6、腹径12.4、底径7.3厘米
Liao and Jin Period
Height 15.6cm; Belly Diameter 12.4cm; Bottom Diameter 7.3cm
1987年新巴尔虎左旗吉布胡郎图苏木呼伦湖南段二号坑M1采集
呼伦贝尔民族博物院藏

　　轮制。泥质夹砂灰陶，口部残损严重，束颈，颈部有
一周戳印纹，鼓腹，上部与底部均有戳印纹，底部凹陷，
有钱纹。器体破裂严重，有多处粘接和修补痕迹。

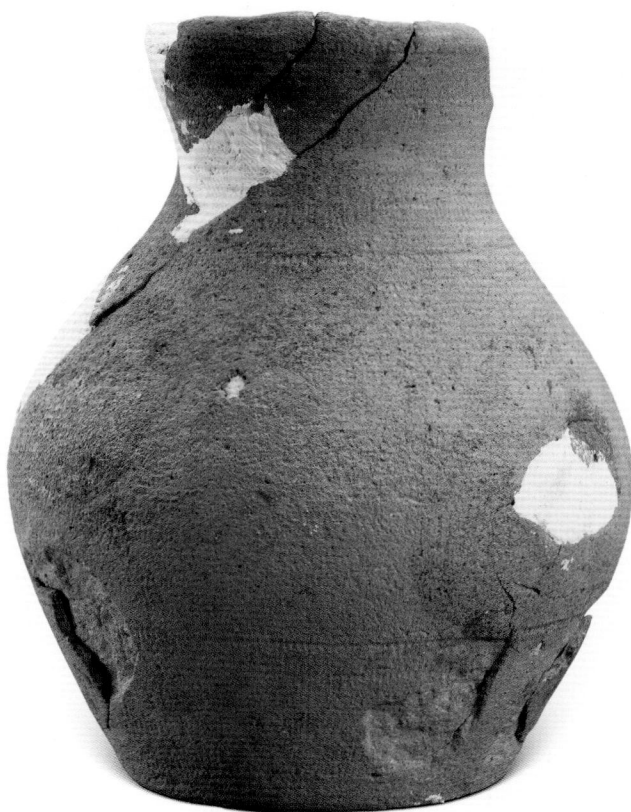

陶碗
Pottery Bowl

辽金时期
高6.9、口径11、腹径8.4、底径6.5厘米
Liao and Jin Period
Height 6.9cm; Mouth Diameter 11cm; Belly
Diameter 8.4cm; Bottom Diameter 6.5cm

新巴尔虎左旗吉布胡郎图苏木甘珠尔花嘎查出土
呼伦贝尔民族博物院藏

　　手制。夹砂，红褐色，胎较厚，器形不
规整。侈口，圆唇，腹微鼓，平底，素面。

陶罐
Pottery Jar

辽金时期
高19.9、口径19、腹径20.5、底径12厘米
Liao and Jin Period
Height 19.9cm; Mouth Diameter 19cm; Belly
Diameter 20.5cm; Bottom Diameter 12cm

2002年新巴尔虎左旗乌布尔宝力格苏木采集
呼伦贝尔民族博物院藏

　　轮制。泥质，褐色，质地坚硬，胎
体较薄。侈口，圆唇，溜肩，束颈，鼓
腹内收，底内凹。陶罐唇部饰一圈凹线
纹，肩部饰一圈凸棱，下面饰一圈戳印
纹。腹部至底部饰戳印纹，中间有一圈
烧制痕迹，器内部可见轮制痕迹。

陶罐
Pottery Jar

辽金时期
高16.3、口径9.9、腹径14.5、底径7.6厘米
Liao and Jin Period
Height 16.3cm; Mouth Diameter 9.9cm; Belly
Diameter 14.5cm; Bottom Diameter 7.6cm

2002年新巴尔虎左旗乌布尔宝力格苏木采集
呼伦贝尔民族博物院藏

　　手制。夹砂陶，红褐色。平口，口
部残损，束颈，颈部有一周竖条凸棱，鼓
腹，底部略凹。器体有火烧痕迹。

陶罐
Pottery Jar

辽金时期
残高16.2、腹径15.2、底径7.2厘米
Liao and Jin Period
Height of the Remains 16.2cm; Belly Diameter
15.2cm; Bottom Diameter 7.2cm

2002年新巴尔虎左旗乌布尔宝力格苏木采集
呼伦贝尔民族博物院藏

　　轮制。泥质灰陶，胎体较薄。口沿部
分残缺，颈部饰一圈竖排斜线纹，颈部均
匀地分布六个圆孔，鼓腹向下斜收，腹下
部饰戳印纹，底部内凹，轮制痕迹明显。

陶罐
Pottery Jar

辽金时期
高25、口径17.5、腹径28、底径16厘米
Liao and Jin Period
Height 25cm; Mouth Diameter 17.5cm; Belly
Diameter 28cm; Bottom Diameter 16cm

新巴尔虎左旗吉布胡郎图苏木甘珠尔花嘎查采集
呼伦贝尔民族博物院藏

　　轮制。泥质灰褐陶，陶质疏松。敞口，
圆唇，溜肩，肩部有双系，圆鼓腹，平底。
器体素面，外壁表层有剥落现象。

陶盆
Pottery Basin

辽金时期
高13、口径24.1、腹径16.5、底径14.2厘米
Liao and Jin Period
Height 13cm; Mouth Diameter 24.1cm; Belly Diameter 16.5cm; Bottom Diameter 14.2cm

1992年新巴尔虎左旗吉布胡郎图苏木甘珠尔花嘎查出土
呼伦贝尔民族博物院藏

轮制。泥质灰陶，胎质硬，胎体厚重。大口略外侈，尖圆唇，口沿以下内束，鼓腹，平底。陶盆外壁横向磨光，底部可见轮制时留下的凹点和布痕。

釉陶罐
Pottery Jar with Glaze

辽代
残高13.5、口径3.5、腹径10、底径6厘米
Liao Dynasty
Height of the Remains 13.5cm; Mouth Diameter 3.5cm; Belly Diameter 10cm; Bottom Diameter 6cm

新巴尔虎左旗乌布尔宝力格苏木采集
新巴尔虎左旗文物管理所藏

轮制。胎体较薄，呈土黄色，釉层较薄，呈酱色，外壁施釉未到底足，内壁亦施釉。整体破损严重，口沿部分残缺，肩部或有双系，现已残，鼓腹，腹部有三周凹凸纹痕迹，圈足。烧造工艺拙劣。

瓷器口沿
Porcelain Rim

辽代
残长9.6、残宽5.7厘米
Liao Dynasty
Length of the Remains 9.6cm; Width of the
Remains 5.7cm

新巴尔虎左旗乌布尔宝力格苏木采集
新巴尔虎左旗文物管理所藏

　　轮制。胎烟灰色，胎体致密轻薄，烧成火候高，内外施白釉。残片可见侈口尖唇，有轮制痕迹。

瓷器底
Bottom of a Porcelain Vessel

辽代
残高3.4、残长6.8、底径5.2厘米
Liao Dynasty
Height of the Remains 3.4cm; Length of the
Remains 6.8cm; Bottom Diameter 5.2cm

新巴尔虎左旗乌布尔宝力格苏木采集
新巴尔虎左旗文物管理所藏

　　轮制。可见烟灰色胎，胎体厚而致密。器底已残，圈足，瓷器内施白釉，外部露胎，轮制痕迹清晰。

瓷器口沿
Porcelain Rim

辽代
残长5.7、残宽5厘米
Liao Dynasty
Length of the Remains 5.7cm; Width of the Remains 5cm

新巴尔虎左旗乌布尔宝力格苏木采集
新巴尔虎左旗文物管理所藏

　　米白色胎，胎体较厚，烧成火候高。外部施釉，白地黑花。

瓷器底
Bottom of a Porcelain Vessel

辽代
残长7.3、厚2.9厘米
Liao Dynasty
Length of the Remains 7.3cm; Thickness 2.9cm

新巴尔虎左旗乌布尔宝力格苏木采集
新巴尔虎左旗文物管理所藏

　　可见烟灰色胎，胎厚而致密，内施白釉，外施黑釉。器底已残，为圈足。黑色釉面上透出尖细的棕黄色或铁锈色条纹，状如兔毫。此应为一种在釉料中添加氧化铁，且利用高温时铁质流动，冷却后赤铁小晶体析出原理来装饰瓷器的窑变工艺。

瓷碗
Porcelain Bowl

辽金时期
高4.8、口径17、底径6.1厘米
Liao and Jin Period
Height 4.8cm; Mouth Diameter 17cm;
Bottom Diameter 6.1cm

1981年新巴尔虎左旗吉布胡郎图苏木
甘珠尔花嘎查征集
呼伦贝尔民族博物院藏

　　胎质较粗，胎体较厚，施暗绿釉，表面有橘皮纹。大敞口，圆唇，浅腹，圈足，沙底。口沿有一处残缺，口沿外部绿釉有剥落现象。

铁锈花纹瓷罐
Binaural Porcelain Jar with Iron Rust Glaze

金代
高25.1、口径14.5、腹径19.9、底径10厘米
Jin Dynasty
Height 25.1cm; Mouth Diameter 14.5cm; Belly Diameter
19.9cm; Bottom Diameter 10cm
新巴尔虎左旗吉布胡郎图苏木甘珠尔花嘎查乌尔逊河口采集
呼伦贝尔民族博物院藏

　　胎体厚重致密，呈黄褐色，胎上施半釉，釉色牙
白，局部有小开片。侈口，圆唇，短束颈，长鼓腹，
圈足。口沿下部以泥条贴筑对称的两系，上刻叶脉
纹，其中一个已残失。釉下涂一层白色陶衣，釉上绘
彩，呈铁锈色。

骨网坠
Bone Net Drop

辽代
长6.3、截面最大径1.3厘米
Liao Dynasty
Length 6.3cm; Cross Sectional Diameter less than 1.3cm

2013年新巴尔虎左旗吉布胡郎图苏木东乌拉遗址周边采集
新巴尔虎左旗文物管理所藏

　　动物骨骼磨制，表面呈米白和米黄色。器体梭形，两端磨平，并在靠近边缘处对称磨有两个凹槽，用于系绳。

石臼
Stone Mortar

辽代
长19、宽12.4、厚2.8厘米
Liao Dynasty
Length 19cm; Width 12.4cm; Thickness 2.8cm

新巴尔虎左旗乌布尔宝力格苏木采集
新巴尔虎左旗文物管理所藏

　　器体呈不规则长方状，正面有一近似椭圆的凹槽，槽内平滑，有使用痕迹，背面凹凸不平。

铁勺形器
Iron Spoon-shaped Artifact

辽代
长23.9、最宽2.3、厚0.6~1厘米
Liao Dynasty
Length 23.9cm; Width less than 2.3cm; Thickness 0.6–1cm

新巴尔虎左旗乌布尔宝力格苏木呼和诺尔新石器遗址采集
新巴尔虎左旗文物管理所藏

　　铁质，锈蚀严重。器体头部为勺状，中部略凹，顶部较尖锐，尾部扁平，微卷，柄为四棱体。

铜刀
Bronze Knife

辽代
长12.1、宽1.7、厚0.1~0.6厘米
Liao Dynasty
Length 12.1cm; Width 1.7cm; Thickness 0.1–0.6cm

新巴尔虎左旗吉布胡郎图苏木采集
新巴尔虎左旗文物管理所藏

　　铜制。身短柄长，刀锋上翘，刀背内凹，刃部锋利凸出。刀柄较厚，上面饰有折线纹，末端作环首。

铜刀
Bronze Knife

辽代
长19.3、宽1.5、厚0.1~0.5厘米
Liao Dynasty
Length 19.3cm; Width 1.5cm; Thickness 0.1–0.5cm

新巴尔虎左旗吉布胡郎图苏木采集
新巴尔虎左旗文物管理所藏

　　铜制。连柄刀，整体细长，锋部内收，刃部扁薄，刀背较厚略起棱，刀柄末端有一三角形孔。

铜刀
Bronze Knifes

辽代
残长3.8~7.5、最宽0.9~1.6、厚0.2~0.3厘米
Liao Dynasty
Length of the Remains 3.8–7.5cm; Width less than 0.9–1.6cm; Thickness 0.2–0.3cm

2013年新巴尔虎左旗吉布胡郎图苏木东乌拉遗址周边采集
新巴尔虎左旗文物管理所藏

　　二件。铜绿色，已残，仅存刀首部分。刀身轻薄，中部有脊，刀背较厚，微凹，刀尖较为锋利，微上翘。

铜刀
Bronze Knife

辽代
长10、宽1.3~1.9、孔径0.4、厚0.3厘米
Liao Dynasty
Length 10cm; Width 1.3–1.9cm; Diameter of the
Hole 0.4cm; Thickness 0.3cm

新巴尔虎左旗吉布胡郎图苏木采集
新巴尔虎左旗文物管理所藏

整体呈长方形，一端有一圆形孔。

铁刀
Iron Knife

辽代
残长13.5、最宽1.4、厚0.5厘米
Liao Dynasty
Length of the Remains 13.5cm; Width less than 1.4cm;
Thickness 0.5cm

2013年新巴尔虎左旗吉布胡郎图苏木东乌拉遗址周边采集
新巴尔虎左旗文物管理所藏

铁锈色，锈蚀严重，已残，仅存刀身部分。长
条形，刀背较厚平直，直刃。

铁刀
Iron Knife

辽代
长15.9、宽1.7、厚0.3厘米
Liao Dynasty
Length 15.9cm; Width 1.7cm; Thickness 0.3cm

新巴尔虎左旗乌布尔宝力格苏木采集
新巴尔虎左旗文物管理所藏

长条状，器体扁平。刀尖尖锐，刀身
两侧打制成刃，较薄。刀柄较宽，顶端斜
直且平，略有残损。

铁犁
Iron Ploughshare

辽代
边长31.1、最宽27.3厘米
Liao Dynasty
Length of a side 31.1cm; Width less than 27.3cm

新巴尔虎左旗乌布尔宝力格苏木采集
新巴尔虎左旗文物管理所藏

　　铁质。器表有大量斑驳的铁锈。器整体呈倒"V"形，犁头尖锐，正面尖起，底面板平，前低后高，中部有微高的凸脊，尾部较宽，呈弧形。底部有一缺口，呈等腰三角形。

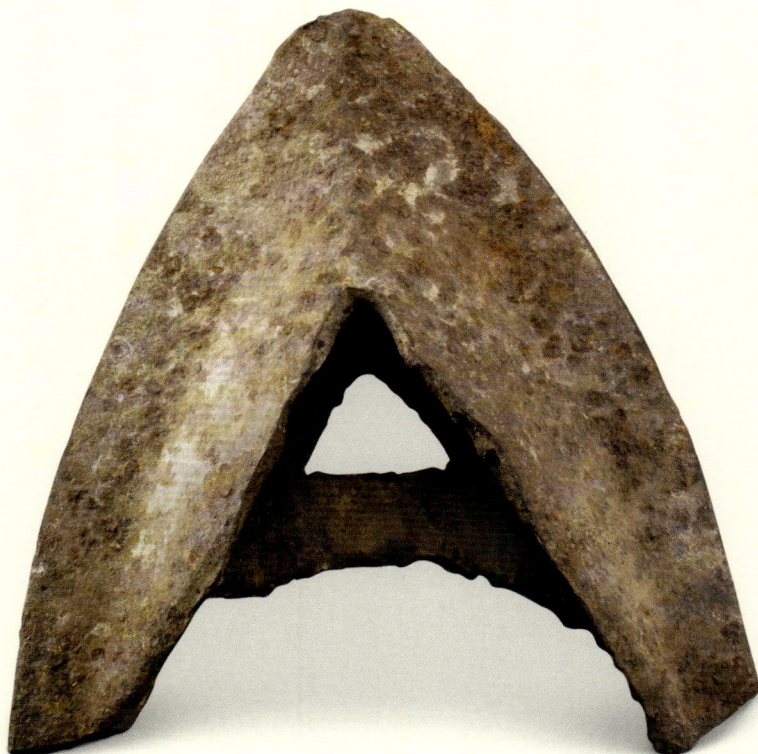

铁犁
Iron Ploughshare

辽代
边长25、最宽18.4厘米
Liao Dynasty
Length of a side 25cm; Width less than 18.4cm

新巴尔虎左旗乌布尔宝力格苏木采集
新巴尔虎左旗文物管理所藏

　　铁质。器表有锈蚀痕迹，整体呈舌形，犁头尖锐，中部两面外凸，前低后高，头部、尾部均有残缺。

宋辽金元明清时期 ｜ SONG TO QING PERIOD

133

铁犁
Iron Ploughshare

辽代
长32.5、宽20.5、厚3.5厘米
Liao Dynasty
Length 32.5cm; Width 20.5cm; Thickness 3.5cm

新巴尔虎左旗乌布尔宝力格苏木采集
新巴尔虎左旗文物管理所藏

　　铁制。器体锈蚀严重，残损，左侧较为尖锐，刃口较锋利，右侧为圆弧状，边缘较厚，底部有四系。

铁犁
Iron Ploughshare

辽代
长27.6、宽24.9厘米
Liao Dynasty
Length 27.6cm; Width 24.9cm

新巴尔虎左旗乌布尔宝力格苏木采集
新巴尔虎左旗文物管理所藏

　　残断，平面呈弧线三角形，上部呈弯曲状，底部较平。

铁犁
Iron Ploughshare

辽代
长18、宽26.8、厚1.1厘米
Liao Dynasty
Length 18cm; Width 26.8cm; Thickness 1.1cm

新巴尔虎左旗乌布尔宝力格苏木采集
新巴尔虎左旗文物管理所藏

　　残缺较严重，表面布满铁锈。现存铁犁下半部，近似三角形。平面内凹，两边呈弧状，背面有三个拱形组。

铁铲
Iron Shovel

辽代
长10.2、宽3.6~5.9、厚0.3~1.2厘米
Liao Dynasty
Length 10.2cm; Width 3.6–5.9cm; Thickness 0.3–1.2cm

2009年新巴尔虎左旗乌布尔宝力格苏木采集
新巴尔虎左旗文物管理所藏

　　由銎和铲身两部分组成，上部銎已残破，铲身呈梯形，上窄下宽，刃部较钝。

铁马带饰
Iron Belt Ornaments of Horse

辽代
长条带饰：长11.3~11.4、宽3.1厘米
圆带饰：高1.8、直径3.1~3.5厘米
带钩带饰：长4.6~6、宽3.2~3.3厘米
Liao Dynasty
Long Belt Ornament: Length 11.3–11.4cm; Width 3.1cm
Round Belt Ornament: Height 1.8cm ; Diameter 3.1–3.5cm
Belt Hook Ornament: Length 4.6–6cm; Width 3.2–3.3cm

新巴尔虎左旗乌布尔宝力格苏木采集
新巴尔虎左旗文物管理所藏

　　七件。铁质，器表颜色均腐蚀不清。分为长条
带饰、圆形带饰、带钩带饰三类。长条带饰上部为长
条形牌饰，中部镂空枝叶纹，下部为圆形饰，中间饰
镂空图案，且有一圆形纽。背面分别在上、中、下部
留有铁钉，可能是起固定作用的。圆形带饰平面为圆
形，镂空花纹，中间有一圆形纽，有的纽可以活动，
背面留铁钉。带钩带饰是在圆形带饰上加上带钩，有
的带钩带饰中间没有圆纽。

铁马带饰
Iron Belt Ornaments of Horse

辽代
通长10.2厘米
圆环：外径3.1、内径2.2、厚0.4厘米
钩形带饰：长4.2、最宽1.7厘米
Liao Dynasty
Full Length 10.2cm
Loop: Exterior Diameter 3.1cm; Interior
Diameter 2.2cm; Thickness 0.4cm
Hook: Length 4.2cm; Width less than 1.7cm

新巴尔虎左旗吉布胡郎图苏木东乌拉遗址采集
新巴尔虎左旗文物管理所藏

　　铁制，已锈成褐色。两个钩形带饰由
一圆环衔接而成。钩形带饰一端有一圆环，
环中有镂空花纹，背面为素面。此为马鞍上
所用带饰。

铁马带饰
Iron Belt Ornaments of Horse

辽代
长7.7~9.5厘米
Liao Dynasty
Length 7.7—9.5cm

新巴尔虎左旗乌布尔宝力格苏木东乌拉遗址周边采集
新巴尔虎左旗文物管理所藏

　　四件。铁制，形态不一，从左至右：第一
件由一弯曲的铁箍和一圆环组成；第二、三件
由"U"形扣环和圆环组成；第四件由扣环、
铁环和杏叶状饰连接而成。当是连缀在马缰带
上的装饰。它们可能是固定在马鞍周围，用以
连接马腹带和引车皮带的马饰，马饰上部的铁
箍和扣环可将其固定在马腹带上，圆环则可供
皮带穿过以连接后部附件。

铁马带饰
Iron Belt Ornaments of Horse
辽代
长1.5~8.6厘米
Liao Dynasty
Length 1.5–8.6cm
新巴尔虎左旗嵯岗镇额尔古纳河南岸芒古图遗址采集
新巴尔虎左旗文物管理所藏

14件。均为铁质，锈蚀严重，形体各异。

铁马衔
Iron Stiff-bits

辽代
上：通长14.7、钩长10.5、环宽0.5、环径4、厚2厘米、
下：通长12.3、钩长8.2、环宽0.9、环径3.9、厚1.8厘米
Liao Dynasty
Upper: Full Length 14.7cm; Length of the Hook 10.5cm; Width
of the Loop 0.5cm; Diameter of the Loop 4cm; Thickness 2cm
Lower: Full Length 12.3cm; Length of the Hook 8.2cm; Width of
the Loop 0.9cm; Diameter of the Loop 3.9cm; Thickness 1.8cm

新巴尔虎左旗嵯岗镇额尔古纳河南岸芒古图遗址采集
新巴尔虎左旗文物管理所藏

二件。铁制，均锈蚀严重。器为圆环和带钩
两部分衔接而成，带钩为四棱体，与圆环衔接处
弯曲成环状。上件带钩尾端残缺，下件带钩尾端
弯曲成环状，上凸一段铁块，似是此件尾端与另
外一件的残件锈蚀粘在一起所致。

铁马衔
Iron Stiff-bits

辽代
通长24.5～27、衔长18～21、小环径0.8～1.2、大环径5～5.5厘米
Liao Dynasty
Full Length 24.5–27cm; Length of the Bit 18–21cm; Diameter of
the Little Loop 0.8–1.2cm; Diameter of the Big Loop 5–5.5cm

新巴尔虎左旗嵯岗镇采集
新巴尔虎左旗文物管理所藏

　　二件。铁制，均锈蚀严重。形制相似，衔为两节，有
的笔直，有的略弯曲，每节通过两端的小环互相连接，每
节另一端的小环咬住圆环。一件有两个圆环，另一件只有
一个圆环。

铁带扣
Iron Buckle

辽代
长10.6、宽2.4~2.8、厚0.2~0.3厘米
Liao Dynasty
Length 10.6cm; Width 2.4–2.8cm; Thickness 0.2–0.3cm

新巴尔虎左旗乌布尔宝力格苏木采集
新巴尔虎左旗文物管理所藏

　　铁制。锈蚀严重，由环、别针和尾部三部分组成。环呈梯形，别针呈四棱状，尾部为长方形板弯曲绕环，通过铁钉闭合，长方形板另外一端有一凸起。

铁带钩
Iron Belt Hook

辽代
长7.8、宽1~2.2、孔径1.3、厚0.4厘米
Liao Dynasty
Length 7.8cm; Width 1–2.2cm; Diameter of the Hole 1.3cm;Thickness 0.4cm

新巴尔虎左旗乌布尔宝力格苏木采集
新巴尔虎左旗文物管理所藏

　　直线钩状，一端为弯曲而呈半闭合的圆弧，另一端有一圆孔。

铁带钩
Iron Belt Hook

辽代
长4.7、宽0.9厘米
Liao Dynasty
Length 4.7cm; Width 0.9cm

新巴尔虎左旗嵯岗镇额尔古纳河南岸芒古图遗址采集
新巴尔虎左旗文物管理所藏

　　铁质。表面锈蚀，整体扁薄，体像螳螂之腹，中部起棱并钻有两孔。颈部细长，钩短，远端有一钻孔。使用时带钩通过钩身小孔铆在皮带上。

铁带钩
Iron Belt Hook

辽代
长9.7、宽2.9厘米
Liao Dynasty
Length 9.7cm; Width 2.9cm

新巴尔虎左旗嵯岗镇额尔古纳河南岸芒古图遗址采集
新巴尔虎左旗文物管理所藏

　　铁质。表面锈蚀，整体扁薄，略作"S"形。体部整体细长，至腹部变宽，尾端有一扁三角形孔。细长颈，钩短，下方有横置的扁柱，已残。推测此件带钩是用于马具上的。

铜带扣
Bronze Buckles

辽代
长2.2、宽1.9厘米
Liao Dynasty
Length 2.2cm; Width 1.9cm

新巴尔虎左旗嵯岗镇海拉尔河南岸遗址采集
新巴尔虎左旗文物管理所藏

　　二件。青铜铸造，平面近"凸"形，上窄下宽，上端各有一小圆孔，下端各有一椭圆形孔，中间横梁较细，背面各有两个凸起的圆柱。

铜牌饰
Bronze Plate

辽代
残长5、宽2.1厘米
Liao Dynasty
Length of the Remains 5cm; Width 2.1cm

新巴尔虎左旗嵯岗镇乌兰胡吉尔吉布隆古墓葬采集
新巴尔虎左旗文物管理所藏

　　铸造而成，长方形，边缘凸起，表面装饰有鹿纹。鹿似站在山上，鹿头上残留有一条带装饰。

石牌饰
Stone Plate

金代
长6.8、宽2.1、厚0.6~1.2厘米
Jin Dynasty
Length 6.8cm; Width 2.1cm; Thickness 0.6–1.2cm

新巴尔虎左旗吉布胡郎图苏木采集
新巴尔虎左旗文物管理所藏

　　白色，整体呈长方形，四角略残。牌饰正面边缘刻矩形框，框内浮雕反映游牧民族春捺钵时，海东青捕鹅场景的春水图：图案下部一只天鹅身体蜷缩，垂颈于地，上部的海东青展翅俯冲，袭击天鹅头部，画面生动和谐，极具民族特色。牌饰背面平坦，四角各钻有两个小孔。

铁铃
Iron Bell

辽代
高3.4~4.1、直径3厘米
Liao Dynasty
Height 3.4–4.1cm; Diameter 3cm

新巴尔虎左旗嵯岗镇额尔古纳河南岸芒古图遗址采集
新巴尔虎左旗文物管理所藏

　　二件。整体呈圆形，一件保存较好，铃铛上部残留环纽的痕迹，中部偏上有一道凸棱，下部有一道约0.3厘米的开口，内部垂一铁舌。另一件上部留有环纽，中部有一圆孔，疑似系绳所用，其余破损严重。

铜扣
Bronze Buckles

辽代
直径1.1~2.2、厚0.1~0.2厘米
Liao Dynasty
Diameter 1.1–2.2cm; Thickness 0.1–0.2cm

新巴尔虎左旗乌布尔宝力格苏木采集
新巴尔虎左旗文物管理所藏

　　八件，圆形。有的正面外鼓，素面
或外缘刻一周短线纹，背面内凹，有桥
形纽。有的正面较平，素面或有弦纹，
背面有桥形纽或柱形纽。

铜饰件
Bronze Ornament

辽代
长2.9、宽3.5、厚0.4厘米
Liao Dynasty
Length 2.9cm; Width 3.5cm; Thickness 0.4cm

2002年新巴尔虎左旗呼伦湖东岸乌尔逊河口南采集
呼伦贝尔民族博物院藏

　　整体为圆弧形，中部为三瓣式饰，上面
阳刻有一圆环。底端有两个环形，中间穿有
一短铁棒。

铜饰牌
Bronze Plate

辽代
直径7.3厘米
Liao Dynasty
Diameter 7.3cm

2002年新巴尔虎左旗呼伦湖东岸乌尔逊河口南约5公里采集
呼伦贝尔民族博物院藏

　　青铜铸制。整体呈圆形，最外部为圆环，圆环内
侧凸起九组花瓣状装饰，上有凹点。牌饰主体以镂空
表现两重图案，外为连弧九角星形，内为圆心四瓣花
形，两图案以一圆圈分割。

铁鞍桥
Iron Cantle

辽代
长12.1、宽6.2、厚0.4厘米
Liao Dynasty
Length 12.1cm; Width 6.2cm; Thickness 0.4cm

新巴尔虎左旗乌布尔宝力槎苏木采集
新巴尔虎左旗文物管理所藏

铁质鎏金。残缺较甚，翼翅
有一圆孔，翼翅上部镂空，刻有
纹饰。鞍桥边缘有凹弦纹。

铁马镫
Iron Stirrups

辽代
高13.7~14.7、底长12.2~12.7、底宽5~6.7厘米
Liao Dynasty
Height 13.7–14.7cm; Bottom: Length 12.2–12.7cm;
Width 5–6.7cm

新巴尔虎左旗嵯岗镇亚曼查岗古墓群采集
新巴尔虎左旗文物管理所藏

三件。锈蚀残损严重，镫柄呈圆弧状，顶部有长方形悬环，一悬环断裂。镫柄与镫底衔接顺畅，镫底较扁，大致为柳叶形，一镫底残损卷曲严重。

铁马镫
Iron Stirrups

辽代
高14.1~14.5、底长12.2、底宽10.2~10.9厘米
Liao Dynasty
Height 14.1–14.5cm; Bottom: Length
12.2cm; Width 10.2–10.9cm

新巴尔虎左旗乌布尔宝力格苏木采集
新巴尔虎左旗文物管理所藏

一对。表面涂有一层红漆，镫体上部呈圆弧状，镫顶有一长方形悬环。镫柄呈弧状，镫底环呈椭圆形，底面内凹。

铁马镫残件
Damaged Iron Stirrups

辽代
镫柄长14.2~14.8、宽13.2~13.5厘米
镫底长11.6、宽4.7厘米
Liao Dynasty
loop: Length 14.2–14.8cm; Width 13.2–13.5cm
Bottom: Length 11.6cm; Width 4.7cm

2013年新巴尔虎左旗吉布胡郎图苏木东乌拉遗址周边采集
新巴尔虎左旗文物管理所藏

　　三件，其中镫柄两件，镫底一件。锈蚀严重，蹬柄整体呈圆弧状，顶部有长方形悬环，皆被堵塞。蹬底已断裂，大致呈椭圆形，一端有小部分镫柄残存。

铁马镫
Iron Stirrup

辽代
高12.7、底长12.9、底宽2.7厘米
Liao Dynasty
Height 12.7cm; Bottom: Length 12.9cm; Width 2.7cm

新巴尔虎左旗嵯岗镇额尔古纳河南岸芒古图遗址采集
新巴尔虎左旗文物管理所藏

　　器表布满铁锈，镫体呈半圆弧状，镫顶上有一长条圆弧状圆环，镫柄扁平，镫环呈扁平长条状，因腐蚀严重，镫底的一侧已腐蚀掉。

铁车釭
Iron Gang (Loops for Fastening Axles)

辽代
高2.9~5.7、最大外径16.3~22.4、内径11~12厘米
Liao Dynasty
Height 2.9–5.7cm; Exterior Diameter less than
16.3–22.4cm; Interior Diameter 11–12cm

新巴尔虎左旗乌布尔宝力格苏木采集
新巴尔虎左旗文物管理所藏

三件。主体为较规则圆环，其中两件
环外铸有六齿，一件铸有四齿，齿为长方体
状，齿与齿之间距离大致相等。锈蚀严重，
四齿车釭有一处残损断裂。

铁车釭
Iron Gang (the Loop for Fastening Axles)

辽代
高5、最大外径16.6、内径11.7、厚2.4厘米
Liao Dynasty
Height 5cm; Exterior Diameter less than 16.6cm;
Interior Diameter 11.7cm; Thickness 2.4cm

新巴尔虎左旗乌布尔宝力格苏木采集
新巴尔虎左旗文物管理所藏

六棱柱形，平面呈六角形，中间为圆柱
形镂空。

铁车釭
Iron *Gang* (Loops for Fastening Axles)

辽代
高3.5~4.8、最大外径19.3、内径10.8~12厘米
Liao Dynasty
Height 3.5–4.8cm; Exterior Diameter less than 19.3cm; Interior Diameter 10.8–12cm

新巴尔虎左旗乌布尔宝力格苏木采集
新巴尔虎左旗文物管理所藏

二件。锈蚀严重，主体为较规则圆环，环外铸有六齿，齿为长方体状，齿与齿之间距离大致相等。一车釭边角较方正，另一车釭边角较圆钝。

铁车釭
Iron *Gang* (the Loop for Fastening Axles)

辽代
高1.8、残长9.2厘米
Liao Dynasty
Height 1.8cm; Length of the Remains 9.2cm

2013年新巴尔虎左旗吉布胡郎图苏木东乌拉遗址周边采集
新巴尔虎左旗文物管理所藏

铸造。残留二齿，齿为长方状，齿与齿之间距离大致相等。经复原测知此车釭的内径约8.8、外径约13.6厘米。

铁车釭
Iron *Gang* (the Loop for Fastening Axles)

辽代
高2.9、残长11.5厘米
Liao Dynasty
Height 2.9cm; Length of the Remains 11.5cm

2013年新巴尔虎左旗吉布胡郎图苏木东乌拉遗址周边采集
新巴尔虎左旗文物管理所藏

铸造。锈蚀残损严重，残留三齿，齿为长方体状，齿与齿之间距离大致相等。经复原后测知此车釭的内径约8.8、外径约13.6厘米。

铁车钎
Iron *Gang* (the Loop for Fastening Axles)

金代
直径13.2、厚4厘米
Liao Dynasty
Diameter 13.2cm; Thickness 4cm

2002年新巴尔虎左旗乌公社乌恩捐献
呼伦贝尔民族博物院藏

　　器体较厚重，表面有铁锈痕迹，一侧有裂痕，器体外侧有六道扉棱。

铜饰板
Bronze Sheets

辽代
长12.9~15.3、宽8~9.5、厚0.2厘米
Liao Dynasty
Length 12.9–15.3cm; Width 8–9.5cm; Thickness 0.2cm

新巴尔虎左旗呼伦湖东岸乌尔逊河口南约5公里采集
呼伦贝尔民族博物院藏

　　二件。平面呈近梯形，横剖面为微弧形。上下两端有长方形或方形孔，在长方形孔或方形孔附近有一斜状凸起，残缺。

铁镞
Iron Arrowheads

辽代
长4.7~7.6、最宽1.4~2.1、最厚0.4~0.7厘米
Liao Dynasty
Length 4.7–7.6cm; Width less than 1.4–2.1cm;
Thickness less than 0.4–0.7cm

新巴尔虎左旗乌布尔宝力格苏木采集
新巴尔虎左旗文物管理所藏

　　三件。锈蚀严重，镞头扁平，顶端外
凸呈弧形或不规则形状，镞与铤相接处呈
横箍状突起，铤呈四棱状，至底端渐细。

铁镞
Iron Arrowheads

辽代
长7.5~10.6、镞身宽3.4~4.4厘米
Liao Dynasty
Length 7.5–10.6cm; Width of the Body 3.4–4.4cm

新巴尔虎左旗嵯岗镇额尔古纳河南岸芒古图遗址采集
新巴尔虎左旗文物管理所藏

　　三件。锈蚀严重，整体呈扇形，两面较平，
顶部为弧形，两侧内收。铤为长条状，尾端略
残，镞身与铤部衔接处有一圈凸起。

铁镞
Iron Arrowheads

辽代
通长4.5~13.2、镞身长3.3~8.6、镞身宽0.5~0.7、镞身厚
0.3~0.6、柄长1.1~4.1、柄宽0.3~0.5、柄身厚0.3~0.5厘米
Liao Dynasty
Full Length 4.5–13.2cm; Length of the Body 3.3–8.6cm;
Width of the Body 0.5–0.7cm; Thickness of the Body 0.3–
0.6cm; Length of the Handle 1.1–4.1cm; Width of the
Handle 0.3–0.5cm; Thickness of the Handle 0.3–0.5cm

新巴尔虎左旗乌布尔宝力格苏木采集
新巴尔虎左旗文物管理所藏

　　五件。镞身呈扁形铲状，两面较平，两侧向外
斜直，镞头微外弧，呈刃状。镞铤四棱形，向尾端
斜收渐细，呈尖状，应为嵌入木杆部分。

铁镞
Iron Arrowheads

辽代
长4.5~8.8、最宽1.3~3.5、最厚0.4~1.3厘米
Liao Dynasty
Length 4.5–8.8cm; Width less than 1.3–3.5cm; Thickness
less than 0.4–1.3cm

新巴尔虎左旗嵯岗镇额尔古纳河南岸芒古图遗址采集
新巴尔虎左旗文物管理所藏

　　七件。锈蚀严重，有四件残件，两件中间断
裂，一件残留铤，一件残留镞头。镞头形状各异，
有的呈扇形，有的呈圆柱状，其中三件镞刃明显。
铤呈圆锥状，底部较细，用于插入箭身，其中一件
铤部缠有桦树皮。

铁镞
Iron Arrowheads

辽代
长7.8~12.9、最宽1.7~3.5、最厚0.6~1.1厘米
Liao Dynasty
Length 7.8–12.9cm; Width less than 1.7–3.5cm; Thickness less than 0.6–1.1cm

新巴尔虎左旗乌布尔宝力格苏木采集
新巴尔虎左旗文物管理所藏

六件。锈蚀严重，有三件残，两件镞头缺损，一件铤部缺损。镞头为扇形，多扁薄，镞刃明显，镞与铤相接处呈横箍状凸起，铤多为细长圆锥状，其中一件较粗，有断截面。

铁镞
Iron Arrowheads

辽代
长6.8~9.9、宽0.7~1.2厘米
Liao Dynasty
Length 6.8–9.9cm; Width 0.7–1.2cm

新巴尔虎左旗乌布尔宝力格苏木采集
新巴尔虎左旗文物管理所藏

四件。器体锈蚀残损较重，镞身大致呈扁尖条形，镞锋较尖锐，一镞镞锋残损。从镞锋中部起棱，棱较平，镞身与镞铤衔接处略呈横箍状凸起。镞铤呈圆柱形，皆残。

铁镞
Iron Arrowheads

辽代
通长7.9~16.9、镞身长4.9~9.9、镞身宽0.7~5.2、铤长
1.9~7.5、铤宽0.1~0.6、铤厚0.1~0.6厘米
Liao Dynasty
Full Length 7.9–16.9cm; Length of the Body 4.9–9.9cm;
Width of the Body 0.7–5.2cm; Length of *Ding*(the part
plugging the arrowhead into the arrow body) 1.9–7.5cm;
Width of *Ding*(the part plugging the arrowhead into the
arrow body) 0.1–0.6cm; Thickness of *Ding*(the part
plugging the arrowhead into the arrow body) 0.1–0.6cm

新巴尔虎左旗甘珠尔苏木巴音塔拉嘎查采集
新巴尔虎左旗文物管理所藏

10件。镞身呈圭形或梯形扁铲状，两面较
平，两侧向外斜直，镞身与镞铤衔接处呈横箍状
凸起，镞铤呈四棱状或圆柱状，向尾端斜收渐
细，应为镶入木杆部分。

铁镞
Iron Arrowheads

辽代
通长6.4~9、镞身长2.9~3.8、镞身宽2.4~3.3、铤长3.5~5、
铤宽0.2~0.6、铤厚0.16~0.6厘米
Liao Dynasty
Full Length 6.4–9cm; Length of the Body 2.9–3.8cm;
Width of the Body 2.4–3.3cm; Length of *Ding*(the part
plugging the arrowhead into the arrow body) 3.5–5cm;
Width of *Ding*(the part plugging the arrowhead into the
arrow body) 0.2–0.6cm; Thickness of *Ding*(the part
plugging the arrowhead into the arrow body) 0.16–0.6cm

新巴尔虎左旗乌布尔宝力格苏木采集
新巴尔虎左旗文物管理所藏

　　二件。锈蚀严重，镞身呈扁平铲状，顶部左右
向外延伸（已残缺），形成一"V"形凹。一镞镞身
与镞铤衔接处可见横箍状凸起，镞铤呈四棱状或圆柱
状，向尾端斜收渐细，应为镶入木杆部分。

铁镞
Iron Arrowheads

辽代
长1.5~9.8、宽3.2~5厘米
Liao Dynasty
Length 1.5–9.8cm; Width 3.2–5cm

新巴尔虎左旗乌布尔宝力格苏木采集
新巴尔虎左旗文物管理所藏

　　四件。镞身近菱形，中部起棱，翼部有的平直，有的弧曲。镞铤细长，底部尖锐，镞身与镞铤连接处凸出。

铁镞
Iron Arrowheads

辽代
长7.8~9.7、宽0.6~1.4厘米
Liao Dynasty
Length 7.8–9.7cm; Width 0.6–1.4cm

新巴尔虎左旗乌布尔宝力格苏木采集
新巴尔虎左旗文物管理所藏

　　三件。均铁制，表面锈蚀严重，形态不一。左起：第一件镞身窄长，截面近平行四边形，锋部锐利，翼稍外凸，镞身以下连接细长的铤；第二件镞身窄而扁，中部起棱，翼部弧曲，铤部细长呈椎状，镞身和铤连接处有凸起；第三件镞身较长，前段有翼部分扁平，中部起棱，后段呈圆柱状连接铤部，镞身与镞铤连接处凸出。

铁镞
Iron Arrowheads

辽代
长4.5~6.3、宽1~1.1厘米
Liao Dynasty
Length 4.5–6.3cm; Width 1–1.1cm

新巴尔虎左旗乌布尔宝力格苏木采集
新巴尔虎左旗文物管理所藏

　　二件。镞身平面呈倒三角形，锋部平刃，右件铤部残缺，镞身与铤连接处较厚，左件铤呈细长圆锥状。

铁镞
Iron Arrowheads

辽代
通长8.6~13.5、镞身长7.3~7.4、镞身宽3.7~4、铤长0.8~6、铤宽0.4~0.5、铤厚0.4~0.5厘米
Liao Dynasty
Full Length 8.6–13.5cm; Length of the Body 7.3–7.4cm; Width of the Body 3.7–4cm; Length of *Ding*(the part plugging the arrowhead into the arrow body) 0.8–6cm; Width of *Ding*(the part plugging the arrowhead into the arrow body) 0.4–0.5cm; Thickness of *Ding*(the part plugging the arrowhead into the arrow body) 0.4–0.5cm

新巴尔虎左旗乌布尔宝力格苏木采集
新巴尔虎左旗文物管理所藏

　　二件。镞身近菱形，两面较平，镞身两侧向外斜直折收，端面外凸，其呈三角刃状。镞身与镞铤衔接处呈横箍状凸起，镞铤呈四棱状，向尾端斜收渐细，右件铤已断裂，不完整。

铁镞
Iron Arrowheads

辽代
通长6~8.7、镞身长4.7~7.3、镞身宽2.1~2.5、铤长
0.8~1、铤宽0.4~0.5、铤厚0.4~0.5厘米
Liao Dynasty
Full Length 6-8.7cm; Length of the Body 4.7-
7.3cm; Width of the Body 2.1-2.5cm; Length of
Ding(the part plugging the arrowhead into the arrow
body) 0.8-1cm; Width of *Ding*(the part plugging
the arrowhead into the arrow body) 0.4-0.5cm;
Thickness of *Ding*(the part plugging the arrowhead
into the arrow body) 0.4-0.5cm

新巴尔虎左旗乌布尔宝力格苏木采集
新巴尔虎左旗文物管理所藏

　　二件。镞铤呈四棱状，尾端残缺，锈蚀严
重。左件镞身呈菱形扁铲状，两侧向外斜直内
收。镞身与铤衔接处两侧各留有缺口。右件镞身
呈倒三角形，镞身与铤衔接处呈横箍状凸起。

铁镞
Iron Arrowhead

辽代
长7.9、宽0.4厘米
Liao Dynasty
Length 7.9cm; Width 0.4cm

新巴尔虎左旗乌布尔宝力格苏木采集
新巴尔虎左旗文物管理所藏

　　镞身细长，四周起棱，锋部
尖锐，截面呈四边形，铤部细长
呈圆锥状。

宋辽金元明清时期 ｜ SONG TO QING PERIOD

铁镞
Iron Arrowhead

辽代
通长18.3、宽4.9、铤长5.6厘米
Liao Dynasty
Full Length 18.3cm; Width 4.9cm; Length of *Ding*(the part plugging the arrowhead into the arrow body) 5.6cm

新巴尔虎左旗乌布尔宝力格苏木采集
新巴尔虎左旗文物管理所藏

镞身近长方形，扁平，铤断面呈梯形。

铁镞
Iron Arrowheads

辽代
通长5.9~11.5、宽3~3.5、铤长2~3.8厘米
Liao Dynasty
Full Length 5.9–11.5cm; Width 3–3.5cm; Length of *Ding*(the part plugging the arrowhead into the arrow body) 2–3.8cm

新巴尔虎左旗乌布尔宝力格苏木采集
新巴尔虎左旗文物管理所藏

二件。镞身呈圆三角形或扇形，关部突出，铤断面呈圆形或梯形，左件中线起脊。

铁镞
Iron Arrowheads

辽代
通长3.8~5.9、宽1.8~2.2、铤长1.2~2.7、厚0.1厘米
Liao Dynasty
Full Length 3.8–5.9cm; Width 1.8–2.2cm; Length of *Ding*(the part plugging the arrowhead into the arrow body) 1.2–2.7cm; Thickness 0.1cm

新巴尔虎左旗乌布尔宝力格苏木采集
新巴尔虎左旗文物管理所藏

二件。整体扁平，镞身呈三角形或棱形。

铁镞
Iron Arrowheads

辽代
通长9.1~11.6、宽1.2~1.7、铤长2.1~3.8、厚0.3~0.5厘米
Liao Dynasty
Full Length 9.1–11.6cm; Width 1.2–1.7cm; Length of *Ding*(the part plugging the arrowhead into the arrow body) 2.1–3.8cm; Thickness 0.3–0.5cm

新巴尔虎左旗乌布尔宝力格苏木采集
新巴尔虎左旗文物管理所藏

二件。镞身扁平，锋圆钝，铤断面呈梯形或三角形。

铁镞
Iron Arrowhead

辽代
长11.9、宽1.6、铤宽1.5、厚0.5厘米
Liao Dynasty
Length 11.9cm; Wdith of the Head 1.6cm;
Width of the *Ding* 1.5cm; Thickness 0.5cm

新巴尔虎左旗乌布尔宝力格苏木采集
新巴尔虎左旗文物管理所藏

　　保存较好，器体头部为三棱状，前后有凸棱，两侧刃部较锋利。尾部较平，呈弧形，一侧有四处裂痕。铤有三个圆孔，未钻透。

铁镞
Iron Arrowhead

辽代
长5.8、最宽1厘米
Liao Dynasty
Length 5.8cm; Width less than 1cm

新巴尔虎左旗乌布尔宝力格苏木采集
新巴尔虎左旗文物管理所藏

　　锈蚀严重，镞头呈弧形，两侧刃部较钝。下端呈圆管状，用来插入木杆。

铁镞
Iron Arrowheads

辽代
通长5.3～12、镞身长4.1～8.5、镞身宽0.8～2.3、铤长0.5～3.4厘米
Liao Dynasty
Full Length 5.3–12cm; Length of the Body 4.1–8.5cm; Width
of the Body 0.8–2.3cm; Length of *Ding*(the part plugging the
arrowhead into the arrow body) 0.5–3.4cm

新巴尔虎左旗嵯岗镇额尔古纳河南岸芒古图遗址采集
新巴尔虎左旗文物管理所藏

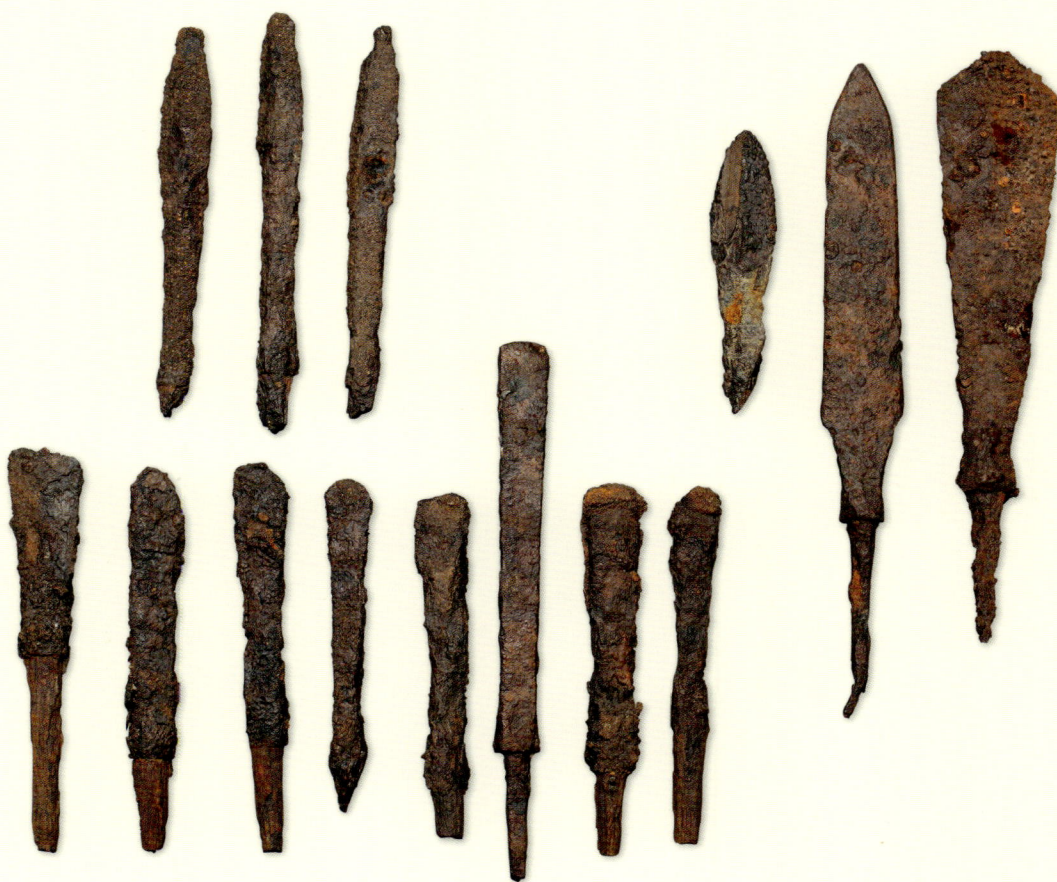

14件。锈蚀较甚，根据镞身横截面的形态可分为
三类。第一类有三件，镞身横截面为菱形。镞身中线
起脊，有铤。第二类有八件，镞身横截面为梯形。镞
身呈梯形或三角形，由锋到关部逐渐增厚，有铤。第
三类有三件，镞身扁平，二件有铤，一件无铤。

铁镞
Iron Arrowhead

辽金时期
长7.5、宽2.2、厚0.9厘米
Liao and Jin Period
Length 7.5cm; Width 2.2cm; Thickness 0.9cm

2003年新巴尔虎左旗吉布胡郎图苏木东乌拉遗址周边采集
新巴尔虎左旗文物管理所藏

　　整体扁平，表面有锈斑。镞头为菱形，中间凸起一条棱，刃部较薄。铤部为四棱体，向尾端渐细。

铜镞
Bronze Arrowheads

辽金时期
长2.4~5.5、宽1.2~1.4、銎径0.8~1厘米
Liao and Jin Period
Length 2.4–5.5cm; Width 1.2–1.4cm;
Diameter of the *Qiong* (the Hole for Inserting Handle in) 0.8–1cm

新巴尔虎左旗乌布尔宝力格苏木采集
新巴尔虎左旗文物管理所藏

　　三件。镞身呈柳叶形或三角形，锋圆钝，中线起脊，脊上均有镂空，有的脊上有一刺。

铜镞
Bronze Arrowhead

金元时期
长4.6、宽1.8、銎径0.8厘米
Jin and Yuan Period
Length 4.6cm; Width 1.8cm; Diameter of the *Qiong* (the Hole for Inserting Handle in) 0.8cm

新巴尔虎左旗嵯岗镇采集
新巴尔虎左旗文物管理所藏

　　镞身呈柳叶形，中脊隆起，内部中空，其上有镂空，有銎。

铜镞
Bronze Arrowhead

金元时期
通长5.8、宽1.1、铤长3.4厘米
Jin and Yuan Period
Full Length 5.8cm; Width 1.1cm; Length of *Ding* (the part plugging the arrowhead into the arrow body) 3.4cm

新巴尔虎左旗嵯岗镇采集
新巴尔虎左旗文物管理所藏

　　锋尖锐，翼呈弧线三角形，三翼较窄，附于脊上，其中一翼上部有凹缺。镞身横断面为"▼"形。后锋平齐，圆柱形铤，长于镞身，中部向尾部逐渐扁平。

铜镞
Bronze Arrowhead

金元时期
通长5.3、镞头长2.8、铤长2.5厘米
Jin and Yuan Period
Full Length 5.3cm; Length of the Head 2.8cm; Length of *Ding* (the part plugging the arrowhead into the arrow body) 2.5cm

新巴尔虎左旗乌布尔宝力格苏木采集
新巴尔虎左旗文物管理所藏

　　表面为灰绿色。镞头为三棱形，棱略显斜弧，其中一棱面有近三角形的凹槽，镞头与铤的衔接处为多棱体，铤为扁长条状。

骨鸣镝
Bone Whistle

辽代
长4.3、宽2.4、壁厚0.4~0.6厘米
Liao Dynasty
Length 4.3cm; Width 2.4cm; Thickness of the Wall 0.4-0.6cm

1996年新巴尔虎左旗吉布胡郎图苏木采集
新巴尔虎左旗文物管理所藏

　　骨质。整体近腰鼓形，保存完整。骨镝首尾贯通，口部较小，底部大而突出。镝身前段刮削起棱，后段圆滑，中部对称分布四个圆形镂孔。

　　鸣镝是传递信号的工具。使用时以箭身穿过鸣镝首尾，将其安置在箭镞下端，箭射出后空气摩擦鸣镝肩部的小孔便可以产生鸣响。

额布都格墓群位于阿木古郎镇巴音敖包嘎查西南19公里处的半山坡，墓葬为南北走向。由于常年大风刮蚀，墓葬暴露于地表，其中有三座墓葬较为明显，一号墓长2.5、宽1.2米，二号墓长2.7、宽2.5米，三号墓长3、宽1.8米。2007年，文物考古部门清理和发掘了其中五座墓葬。墓葬为土坑竖穴、仰身直肢葬，在清理中未发现随葬品。从地理位置上推测，该墓地的墓主可能是附近巴嘎布哈古城的居民。

新巴尔虎左旗阿木古郎镇巴音敖包嘎查额布都格墓群（由西北往东南）
Ebdeg Slab-tombs in the Bayin Oboo Gacha in Amgalan Town in Xin Barag Left Banner (From Northwest to Southeast)

新巴尔虎左旗阿木古郎镇巴音敖包嘎查额布都格墓群（由北往南）
Ebdeg Slab-tombs in the Bayin Oboo Gacha in Amgalan Town in Xin Barag Left Banner (From North to South)

新巴尔虎左旗阿木古郎镇巴音敖包嘎查额布都格墓群（由南往北）
Ebdeg Slab-tombs in the Bayin Oboo Gacha in Amgalan Town in Xin Barag
Left Banner (From South to North)

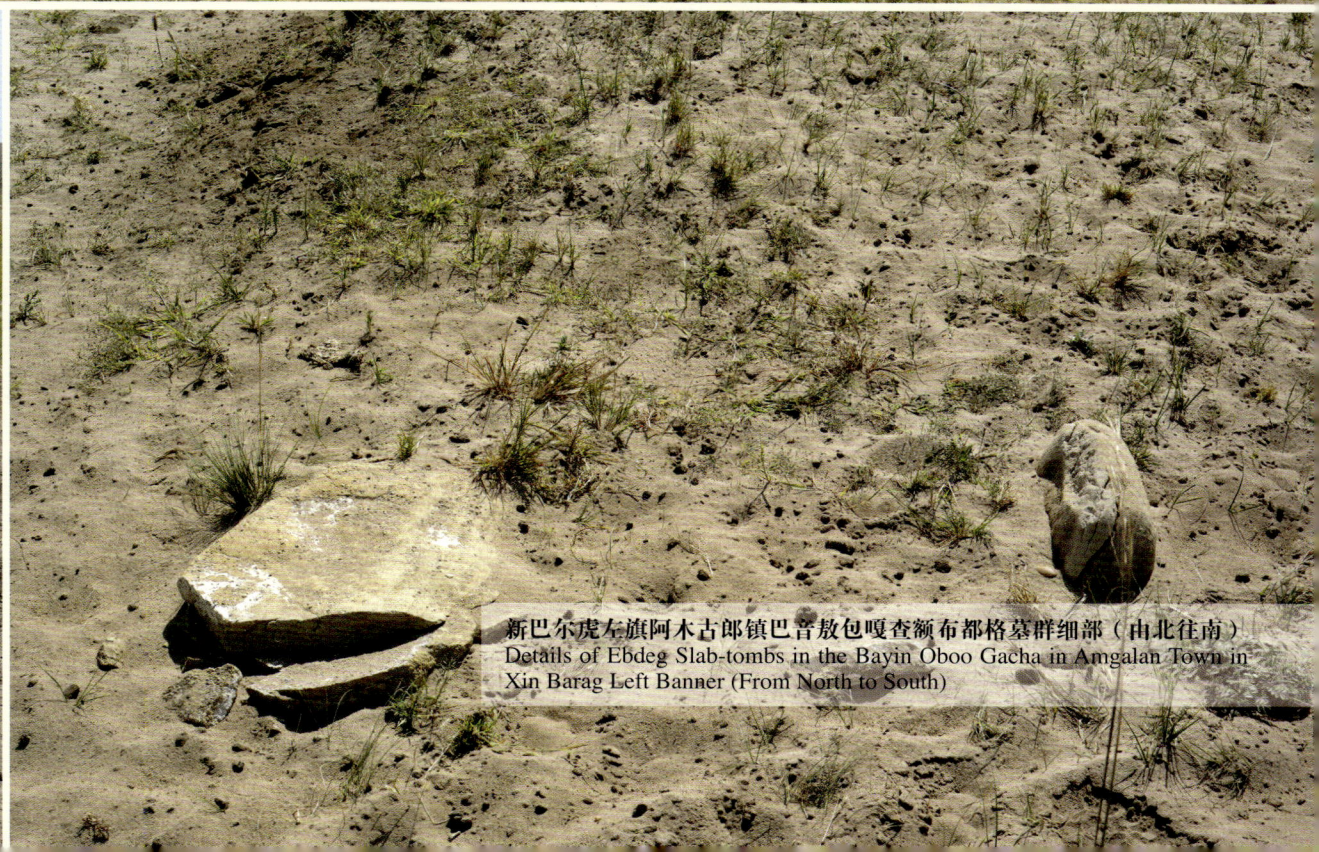

新巴尔虎左旗阿木古郎镇巴音敖包嘎查额布都格墓群细部（由北往南）
Details of Ebdeg Slab-tombs in the Bayin Oboo Gacha in Amgalan Town in
Xin Barag Left Banner (From North to South)

新巴尔虎左旗阿木古郎镇巴音敖包嘎查巴嘎布哈古城遗址（由东南往西北）
Bag Buh City Ruins in the Bayin Oboo Gacha in Amgalan Town in Xin Barag
Left Banner (From Southeast to Northwest)

新巴尔虎左旗阿木古郎镇巴音敖包嘎查巴嘎布哈古城遗址中心居址（由南往北）
Central Dwelling Site of Bag Buh City Ruins in the Bayin Oboo Gacha in Amgalan
Town in Xin Barag Left Banner (From South to North)

新巴尔虎左旗阿木古郎镇巴音敖包嘎查巴嘎布哈古城南墙瓮城（由西北往东南）
Barbican Entrance of Southern Wall of Bag Buh City Ruins in the Bayin Oboo Gacha in Amgalan Town in Xin Barag Left Banner (From Northwest to Southeast)

新巴尔虎左旗阿木古郎镇巴音敖包嘎查巴嘎布哈古城南河道（由东北往西南）
Riverway in the South of Bag Buh City Ruins in the Bayin Oboo Gacha in Amgalan Town in Xin Barag Left Banner (From Northeast to Southwest)

　　巴嘎布哈古城遗址，位于新巴尔虎左旗阿木古郎镇巴音敖包嘎查17公里，口岸东北3.5公里处，为一座辽代边防古城，平面为长方形，呈南北向。城墙基址较为明显，东西长70、南北宽40米，墙体宽1米。城址中心靠北侧有一座圆形居址，居址长11、宽9米，高于地表1.7米。仅于南墙见一城门，长5、宽3米，未见马面。城内散落辽代灰褐色篦点纹陶片。

新巴尔虎左旗阿木古郎镇巴音敖包嘎查巴嘎布哈古城中心居址柱础石（由东北往西南）
Column Footings of Central Dwelling Site of Bag buh City Ruins in the Bayin Oboo Gacha in Amgalan Town in Xin Barag Left Banne (From Northeast to Southwest)

新巴尔虎左旗阿木古郎镇巴音敖包嘎查巴嘎布哈古城中心居址柱础石（由东北往西南）
Column Footings of Central Dwelling Site of Bag buh City Ruins in the Bayin Oboo Gacha in Amgalan Town in Xin Barag Left Banne (From Northeast to Southwest)

新巴尔虎左旗阿木古郎镇巴音敖包嘎查巴嘎布哈古城出土石磨盘（由东北往西南）
Stone Saddle-quern of Central Dwelling Site of Bag buh City Ruins in the Bayin Oboo Gacha
in Amgalan Town in Xin Barag Left Banner (From Northeast to Southwest)

新巴尔虎左旗甘珠尔苏木布哈陶拉盖古城遗址（由西南往东北）
Buh Tolgoi City Ruins in Ganjur Sum in Xin Barag Left Banner (From Southwest to Northeast)

　　布哈陶拉盖城址，是一座辽代古城遗址，位于甘珠尔苏木巴音温都尔嘎查东南13公里，哈拉哈河北2.3公里处。城址平面呈四方形，城墙边长约196、周长约785米。今城墙高0.6、宽6米，城东、西、南三面各有一座城门，南门宽15米，西门宽7米，东门宽9米，北墙没有城门。城中心偏北侧有一处院落基址，周长220、宽4.6、高0.4米，大门朝南，门宽7米。其内南北有两处房址：北部房址高7.8、长19.5米；南部房址长10.5、宽6米。南部房址的西北和东南方向40米处各有一处建筑基址，在遗址采集到琉璃瓦片等标本。

新巴尔虎左旗甘珠尔苏木布哈陶拉盖古城遗址中部建筑台基（由西南往东北）
Tableland of Buh Tolgoi City Ruins in Ganjur Sum in Xin Barag Left Banner (From Southwest to Northeast)

新巴尔虎左旗甘珠尔苏木布哈陶拉盖古城北墙（由北往南）
Northern Wall of Buh Tolgoi City Ruins in Ganjur Sum in Xin Barag Left Banner (From North to South)

瓦当
Tile-end

辽代
直径8.8、厚1.2厘米
Liao Dynasty
Diameter 8.8cm; Thickness 1.2cm

新巴尔虎左旗乌布尔宝力格苏木采集
新巴尔虎左旗文物管理所藏

　　陶制，灰色，已残。瓦当正面浮雕有花草纹饰，背面较光滑。器体中心部位最厚，向周边渐薄。

新巴尔虎左旗甘珠尔苏木布哈陶拉盖古城西墙（由北往南）
Western Wall of Buh Tolgoi City Ruins in Ganjur Sum in Xin Barag Left Banner (From North to South)

新巴尔虎左旗甘珠尔苏木布哈陶拉盖古城北墙（由北往南）
Northern Wall of Buh tolgoi City Ruins in Ganjur Sum in Xin Barag Left Banner (From North to South)

新巴尔虎左旗甘珠尔苏木布哈陶拉盖古城西门（由西南往东北）
Western Gate of Buh Tolgoi City Ruins in Ganjur Sum in Xin Barag Left Banner
(From Southwest to Northeast)

新巴尔虎左旗甘珠尔苏木布哈陶拉盖古城东北土台西北侧（由西北往东南）
Northwestern Side of a Tableland in the Northeast of Bag Buh City Ruins in Ganjur Sum in
Xin Barag Left Banner (From Northwest to Southeast)

陶砖
Pottery Brick

辽代
残长36.5、宽33.8、厚6厘米
Liao Dynasty
Length of the Remains 36.5cm; Width 33.8cm; Thickness 6cm

1999年新巴尔虎左旗甘珠尔苏木布哈陶拉盖城址采集
新巴尔虎左旗文物管理所藏

　　残，由四块组成。表面为灰褐色，从断截面可以看出陶砖内部为黑色土，土质纯净，曾经过一定筛选。砖上有铭文："有君子兮□（匪文）□（虐）□（质）兮□"。其意或采用《诗经·淇奥》主政或为臣者当如卫武公一样，"有文章，听规谏，以礼自防，故能入相于周"或"夙夜不怠，思闻训道"。

新巴尔虎左旗嵯岗镇伊和乌拉嘎查伊和乌拉古城遗址（由北往南）
Yih uul City Ruins in Cuogang Town in Xin Barag Left Banner (From North to South)

    伊和乌拉古城是元代城址，位于嵯岗镇伊和乌拉嘎查西南800米，海拉尔河西北70米。地势北高南低，位于海拉尔河北岸，因河水常年冲击形成断崖面。城址呈正方形，城墙长约55、周长222.35米，面积4078.12平方米。城墙基址残高5.9、宽3.2米。仅南墙有一城门，朝东南方向，城门宽7.9米。城内未发现居址，地表未见遗物。

新巴尔虎左旗嵯岗镇伊和乌拉嘎查伊和乌拉古城遗址（由南往北）
Yih uul City Ruins in Cuogang Town in Xin Barag Left Banner (From South to North)

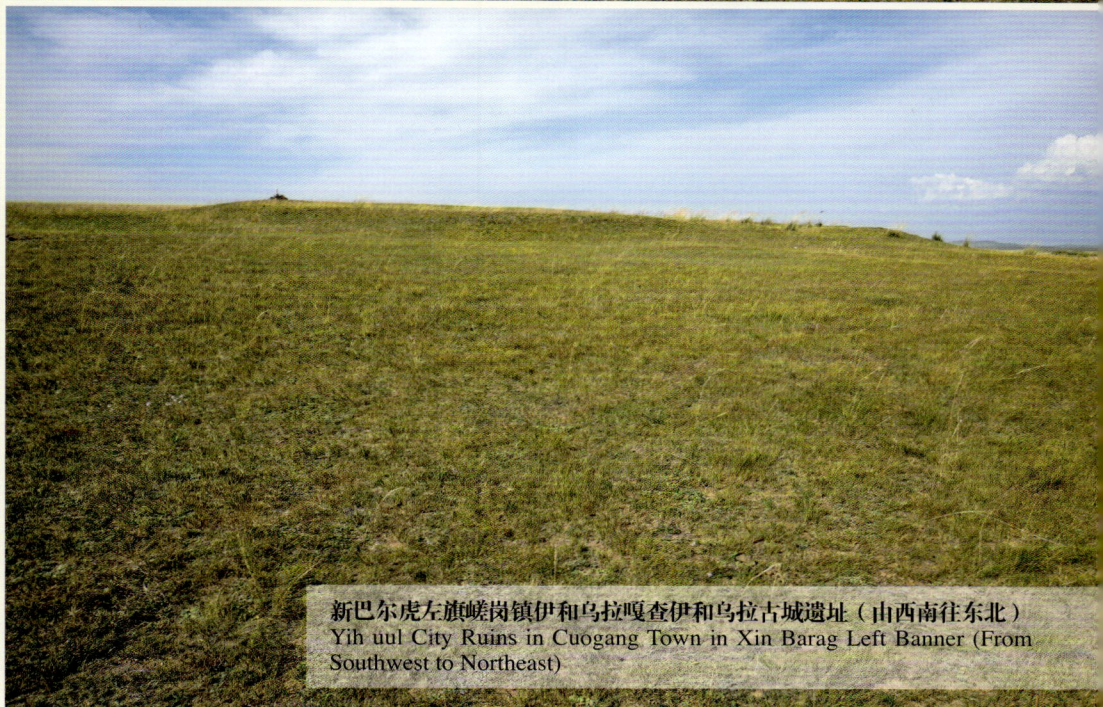

新巴尔虎左旗嵯岗镇伊和乌拉嘎查伊和乌拉古城遗址（由西南往东北）
Yih uul City Ruins in Cuogang Town in Xin Barag Left Banner (From Southwest to Northeast)

新巴尔虎左旗嵯岗镇伊和乌拉嘎查伊和乌拉古城遗址（由西北往东南）
Yih uul City Ruins in Cuogang Town in Xin Barag Left Banner (From Northwest to Southeast)

新巴尔虎左旗嵯岗镇伊和乌拉嘎查伊和乌拉古城墙东北角向东南远眺
Distant Shot from the Northeastern Corner of Wall of Yih uul City Ruins to the
Southeast in Cuogang Town in Xin Barag Left Banner

新巴尔虎左旗嵯岗镇伊和乌拉嘎查伊和乌拉古城墙东南角向东南远眺
Distant Shot from the Southeastern Corner of Wall of Yih uul City Ruins to the
Southeast in Cuogang Town in Xin Barag Left Banner

新巴尔虎左旗嵯岗镇伊和乌拉嘎查伊和乌拉古城墙西北角向西远眺
Distant Shot from the Northwestern Corner of Wall of Yih uul City Ruins to the West
in Cuogang Town in Xin Barag Left Banner

拴马桩位于吉布胡郎图苏木好力宝图嘎查东北6公里，乌尔逊河西北700米处。花岗岩质，高175、宽50、厚15、周长130厘米。大约建于13世纪，当地人称之为"北斗星"，相传成吉思汗于行军途中曾在此拴过马。据《蒙古秘史》记载，每年的农历三月二十一日上午都会有18个人在此齐聚，举行祭天仪式。在这18人中公选出一人来主持祭天仪式，此人便称之为"北斗星"。在世代相传的仪式中，当地牧民自发竖立此桩，来祭祀首领"北斗星"。

新巴尔虎左旗吉布胡郎图苏木拴马桩（由西北往东南）
Horse-hitching Post in Jibhulangt Sum in Xin Barag Left Banner (From Northwest to Southeast)

铜牌
Bronze Plate

辽代
长4.9、宽2、厚0.15厘米
Liao Dynasty
Length 4.9cm; Width 2cm; Thickness 0.15cm

1985年征集
呼伦贝尔民族博物院藏

　　模铸。长方形，上部有一环，正反
面有相同的契丹大字。

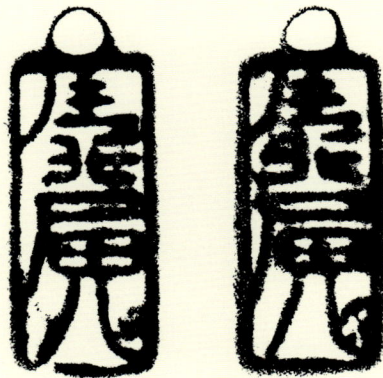

铜都统之印
Brass Commander-in-chief's Seal

金代
通高4.2、纽高2.8、纽长3、纽宽1.3、印面长6、印面宽6、印面厚1.4厘米
Jin Dynasty
Full Height 4.2cm; Knob: Height 2.8cm; Length 3cm; Width 1.3cm; Seal
Surface: Length 6cm; Width 6cm; Thickness 1.4cm

1973年新巴尔虎左旗新宝力格苏木敖伦诺尔采集
呼伦贝尔民族博物院藏

黄铜铸造。方形印，纽为近长方体。
印文为阳刻篆书"都统之印"，残留有红
色印泥。

铜祥州站印
Brass Seal of Xiangzhou Station

元代
通高5.8、纽高4.4、纽长3、纽宽1.3、印面长5.7、
印面宽5.7、印面厚1.4厘米
Yuan Dynasty
Full Height 5.8cm; Knob: Height 4.4cm; Length
3cm; Width 1.3cm; Seal Surface: Length 5.7cm;
Width 5.7cm; Thickness 1.4cm

1981年新巴尔虎左旗吉布胡郎图苏木甘珠尔花嘎查
西42公里乌尔逊河口征集
呼伦贝尔民族博物院藏

　　黄铜铸造。方形印，纽为近长方体。印
文为阳刻八思巴文，残留有红色印泥。印背
面阴刻汉字"祥州站印/中书礼部造/皇庆元年
（1312年）九月□日"。该印出土时尚有一
紫铜印盒，透雕花纹已腐烂糟朽。伴随出土
的还有一本书，书的左侧上下各有一竹片装
订，纸呈黄色。惜该书被发现者当场遗弃。
书和铜印盒可能是用一铁丝捆绑在一起的，
上述铜印等物便是因铁丝露出地面绊脚而发
现的。

铜带饰
Bronze Belt Ornaments

辽代
通长77、宽2.6、带头长3.7、带头宽2.6、带扣长4、带扣宽2.6厘米
Liao Dynasty
Full Length 77cm; Width 2.6cm; Length of Belt Head 3.7cm; Width of Belt Head 2.6cm; Length of Buckle 4cm; Width of Buckle 2.6cm

新巴尔虎左旗吉布胡郎图苏木乌尔逊甘珠尔花嘎查南25公里沙坑采集
呼伦贝尔民族博物院藏

18件一组，青铜质。带头为反"C"形，带箍呈长方形。带饰14件形质相同，左右两边各有一圆孔，上下两边呈凹陷花瓣形，中间一个圆形，边缘处低于中间平面，有一圈花纹，中间平面一层有花枝纹，上有三个小圆孔，顶端有一扇形镂空。带饰尾部器形与带扣略不同，一端圆弧状，一端内凹形。

铜人形饰件
Human-shaped Bronze Ornament

辽代
高4.1厘米
Liao Dynasty
Height 4.1cm

新巴尔虎左旗嵯岗镇乌兰胡吉尔布隆古墓葬采集
新巴尔虎左旗文物管理所藏

器形较小，器体扁薄。手脚以简单的形态表现出来，双眼、嘴、双乳、肚脐均以凸出的圆点来表现，腹部略凸。该器物可能为萨满法服上的铜饰件。

丝麻发结
Silk and Ramie Hair Band

辽代
直径3.6厘米
Liao Dynasty
Diameter 3.6cm

1991年新巴尔虎左旗吉布胡郎图苏木甘珠尔花石
棺墓群M1出土
呼伦贝尔民族博物院藏

　　丝麻质。用来捆扎头发的结绳，系以麻
布条缠绕三周打一活扣而成。

石耳饰
Stone Ear Ornament

辽代
通高3.3厘米
Liao Dynasty
Full Height 3.3cm

1991年新巴尔虎左旗吉布胡郎图苏木甘珠尔花石
棺墓群M3出土
呼伦贝尔民族博物院藏

　　整体呈白色，反"C"形主体上雕刻有
一圆柱状凸出物，底部刻有叶状物。

铜耳坠
Bronze Eardrop

辽代
通长6.4、环身径1.6~2.4、薄片坠径1.2~2.3、缺口宽0.3厘米
Liao Dynasty
Full Length 6.4cm; Diameter of the Loop 1.6–2.4cm; Diameter of the Drop 1.2–2.3cm; Width of the Gap 0.3cm

新巴尔虎左旗嵯岗镇采集
新巴尔虎左旗文物管理所藏

　　主体呈椭圆 "C" 字形，圆环上端略偏一侧呈倾斜状竖起铜柱，顶端为长圆形纽，中部有一道凹弦纹。下端中部穿接薄片坠，与环体垂直，呈橄榄形。圆环周围装饰五个相同的饰物。圆环侧边有明显合范铸造痕迹。

铜耳环
Bronze Earrings

金元时期
高1.8~2、宽1.4~1.6厘米
Jin and Yuan Period
Height 1.8–2cm; Width 1.4–1.6cm

新巴尔虎左旗嵯岗镇采集
新巴尔虎左旗文物管理所藏

　　二件。形似马镫。两只耳环上端一横一竖铸有一圆形纽，纽上穿圆环以方便佩戴，一只圆环尚在。耳饰中部为圆环。一只耳饰圆环较宽，环上有两周凹槽，另一只圆环扁平。耳饰下端扁圆，一只略薄，另一只较厚，中间留有一周凹槽。底端平面装饰有六个圆点。

铜手镯
Bronze Bracelet

辽代
长7.8、宽0.5、厚0.2厘米
Liao Dynasty
Length 7.8cm; Width 0.5cm; Thickness 0.2cm

1991年新巴尔虎左旗吉布胡郎图苏木甘珠尔花石
棺墓群M1出土
呼伦贝尔民族博物院藏

　　器体表面有锈蚀，整体呈不规则"C"形，系扁圆状铜条卷曲而成，缺口较大，缺口一端有较薄一层包裹布纹残留。

玻璃珠饰
Glass Beadrolls

辽代
高0.3~0.8、直径0.5~1.1、孔径0.1~0.3厘米
Liao Dynasty
Height 0.3–0.8cm; Diameter 0.5–1.1cm; Diameter of the Hole 0.1–0.3cm

新巴尔虎左旗吉布胡郎图苏木东乌拉遗址周边采集
新巴尔虎左旗文物管理所藏

　　七颗。圆珠，大小不一，中间均有钻孔。黄色圆珠，较为通透，通体磨光；白色扁圆珠，磨制而成；红色圆珠，中间孔洞为白色，表面为红色，通体磨光；蓝色圆珠三颗，其中两颗通体磨光，另一颗圆珠中间有一孔但并未穿透，器表有裂痕，表面不平整；绿色圆珠，通体磨光，孔径处有断裂痕。

珠饰
Beadrolls

辽代
圆珠：高0.3~0.9、直径0.5~1.4、孔径0.1~0.7厘米
扁珠：高1~1.4、直径0.8~1.1、孔径0.2厘米
Liao Dynasty
Round Beads: Height 0.3–0.9cm ; Diameter 0.5–
1.4cm; Diameter of the Hole 0.1–0.7cm
Oblate Beads: Height 1–1.4cm; Diameter 0.8–
1.1cm; Diameter of the Hole 0.2cm

2008年新巴尔虎左旗吉布胡郎图苏木采集
新巴尔虎左旗文物管理所藏

　　13颗，大小不一，中间均有钻孔。黑色
圆珠两颗，磨制，有残缺；白色圆珠四颗，
其中三颗扁平，钻孔痕迹明显，器体磨制光
滑。另一颗白色圆珠，表面外圆弧，通体磨
光，中间有一裂痕；红色圆珠一颗，器体较
小，通体磨光，中间孔洞为白色；黄色圆珠
一颗，器体圆润，表面外弧，较通透，表面
刻划竖向凹纹一周；紫色圆珠一颗，薄厚不
均，两面经磨制；蓝色圆珠一颗，器体较为
通透；绿色圆珠一颗，表面凹凸不平，颜色
不均。黄褐色扁珠一颗，器体较为通透，表
面光滑，磨制出棱脊；绿色扁珠一颗，表面
外弧，较为光滑。

珠饰等
Beadrolls

辽代
长0.8~2、宽0.5~1.4厘米
Liao Dynasty
Length 0.8–2cm; Width 0.5–1.4cm

2013年新巴尔虎左旗吉布胡郎图苏木采集
新巴尔虎左旗文物管理所藏

　　11件。材质、大小、形状不同，
可分为五类：第一类一件，黄褐色石
质，略呈三角形，背腹两面各挖去一
块圆形石皮以为饰；第二类三件，石
质，管状，有白色和青色两种；第三
类四件，有石质和铜质，呈红、蓝、
白、青等颜色，整体呈珠状；第四类
一件，石质，呈弧形条状，通体细
长，可能用于穿珠；第五类二件，呈
扁圆形，一件为白色蚌质，中部有一
孔。一件为铜质，中部镂孔七个。

石饰
Stone Ornament

辽代
长2.4、宽2、厚0.9厘米
Liao Dynasty
Length 2.4cm; Width 2cm; Thickness 0.9cm

新巴尔虎左旗嵯岗镇采集
新巴尔虎左旗文物管理所藏

　　器体呈八边形，表面光滑，中间有一道凸起。背面较粗糙，有六个小圆孔，未透，有压剥痕迹。

石饰
Stone Ornament

辽代
长2.3、最宽1.1、厚0.7厘米
Liao Dynasty
Length 2.3cm; Width less than 1.1cm; Thickness 0.7cm

新巴尔虎左旗嵯岗镇海拉尔河南岸遗址采集
新巴尔虎左旗文物管理所藏

　　黄褐色，整体呈椭圆状，两端呈圆形，前后共有两孔，对钻而成。一面有四道划痕。

贝饰
Shell Ornament

辽代
长2.8、宽2、厚0.7厘米
Liao Dynasty
Length 2.8cm; Width 2cm; Thickness 0.7cm

新巴尔虎左旗甘珠尔苏木哈拉哈河北岸578
界桩北窑址采集
新巴尔虎左旗文物管理所藏

　　海贝，有残损，白色，中间开口处有锯齿纹。

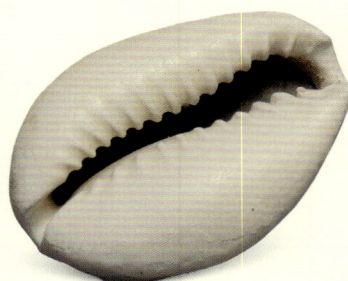

蚌饰
Shell Ornaments

辽代
长1.3~3、宽1.5~2.3、厚0.1~0.3厘米
Liao Dynasty
Length 1.3–3cm; Width 1.5–2.3cm; Thickness 0.1–0.3cm

新巴尔虎左旗吉布胡郎图苏木采集
新巴尔虎左旗文物管理所藏

　　五件。蚌壳饰品，可分两类：第一类三件，大小不一，保存蚌壳外形，在靠近底部处穿有一孔；第二类两件，蚌壳磨制，均残，残片呈半圆形，在中部和边缘处各见两个大小不一的穿孔。

骨饰
Bone Ornament

辽代
直径2.3、孔径0.7厘米
Liao Dynasty
Diameter 2.3cm; Diameter of the Hole 0.7cm

新巴尔虎左旗吉布胡郎图苏木采集
新巴尔虎左旗文物管理所藏

　　器体圆形，呈白色，质地坚硬，上面隆起，下面平坦，中间有一圆孔，单面钻孔而成。

骨器
Bone Tool

辽代
高1.2、外径2.2、内径1.7厘米
Liao Dynasty
Height 1.2cm; Exterior Diameter 2.2cm; Interior Diameter 1.7cm

2013年新巴尔虎左旗吉布胡郎图苏木东乌拉遗址周边采集
新巴尔虎左旗文物管理所藏

　　白色，表面光滑。圆柱状，中空，上部有一道凹痕。

铜镜
Bronze Mirror

辽代
直径9.5厘米
Liao Dynasty
Diameter 9.5cm

2002年新巴尔虎左旗吉布胡郎图苏木呼伦湖东岸乌尔逊河口南采集
呼伦贝尔民族博物院藏

　　圆形，外卷边，有缺损。镜面图案以凸起双棱为轮廓，内饰双鱼纹，中间为乳状组。

铜镜
Bronze Mirror

金代
纽高0.5、直径10.5、厚0.4厘米
Jin Dynasty
Height of the Knob 0.5cm; Diameter 10.5cm;
Thickness 0.4cm

新巴尔虎左旗乌布尔宝力格苏木采集
新巴尔虎左旗文物管理所藏

圆形，整体外厚内薄，缘宽约0.5厘米。镜背中间为半球形纽，主区为浮雕双鱼纹，双鱼纹外侧施加一圈蔓草纹。

苇席
Reed Mat

辽代
残长22、残宽17厘米
Liao Dynasty
Length of the Remains 22cm; Width of the Remains 17cm

1991年新巴尔虎左旗吉布胡郎图苏木甘珠尔花石棺墓群M1出土
呼伦贝尔民族博物院藏

为覆盖在棺木外面的苇席，仅残存部分芦苇片。黄褐色，交叉编制，边缘向内编制呈弧状。

铁锅
Iron Pot

元代
高16.6、口径22.4、腹径26.5厘米
Yuan Dynasty
Height 16.6cm; Mouth Diameter
22.4cm; Belly Diameter 26.5cm

新巴尔虎左旗乌布尔宝力格苏木采集
新巴尔虎左旗文物管理所藏

方唇，敛口，口沿下施多道
平行弦纹，腹上留有一圈凸棱，
残存两个尖状足。器体较薄，破
损严重，腹部已残缺不全，底部
已完全损坏。

铜锅
Bronze Pot

元代
残高9.1~9.9、口径34.6~35.7厘米
Yuan Dynasty
Height of the Remains 9.1-9.9cm;
Mouth Diameter 34.6-35.7cm

新巴尔虎左旗乌布尔宝力格苏木采集
新巴尔虎左旗文物管理所藏

敞口，口沿外接对立四耳，
耳呈半圆形，中间皆有圆形穿
孔。口沿与器身结合处稍向内
凹。底部残缺，器身下部钻有一
行四个穿孔，用途不明。

铜锅
Bronze Pot

元代
残高21、口径42.5、腹径44.5厘米
Yuan Dynasty
Height of the Remains 21cm;
Mouth Diameter 42.5cm;
Belly Diameter 44.5cm

新巴尔虎左旗乌布尔宝力格苏木采集
新巴尔虎左旗文物管理所藏

敛口，平沿，口沿下部有弦纹，弦纹不明显且凹凸不平，腹部原有六耳，现存五个，并有两个直径约0.8厘米的小孔。器体分段铸造焊接而成，底部破损。

铁马鞍
Iron Horse Saddle

元代
前鞍桥残长13.5、宽14.3厘米
后鞍桥残长14.5、宽26厘米
前鞍翅饰件长9.1、宽9.4厘米
后鞍翅饰件长8.2、宽7.6厘米
Yuan Dynasty
The Front Cantle: Length cf the Remains 13.5cm; Width 14.3cm
The Back Cantle: Length o² the Remains 14.5cm; Width 26cm
The Ornament on the Front Wing: Length 9.1cm; Width 9.4cm
The Ornament on the Back Wing: Length 8.2cm; Width 7.6cm

新巴尔虎左旗乌布尔宝力格苏木采集
新巴尔虎左旗文物管理所藏

一组，分为前鞍桥、后鞍桥、一对前鞍翅饰件、一个后鞍翅饰件四个部分。锈蚀严重，整体上面刷有红漆又破坏严重，无法看清纹饰等细节。前鞍桥已残，镂空，上面雕有两条龙，下面有波浪纹修饰。后鞍桥呈拱形，镂空，上面雕有两条龙，上边有一条凹线。一对前鞍翅件上面各有一条龙，两侧各有一对挂纽，其中丢失一个。一个后鞍翅件周围有一圈凹槽。

石人
Stone Statue

蒙元时期
残高149、残宽79、厚39厘米
Mengyuan Period
Height of the Remains 149cm; Width of the Remains 79cm; Thickness 39cm

新巴尔虎左旗乌布尔宝力格苏木萨如拉扎木图嘎查西侧9公里采集
新巴尔虎左旗文物管理所藏

石人残断为两截，头部遗失。现可见左手垂放，手下有一形似布袋状物体，胸口似有图案，涣散不清。石人下部略窄，有一明显凸起，下有一较深的凹槽。

都古尔石碑
Stone Tablet

清代
长169.5、宽72、厚19.5厘米
Qing Dynasty
Length 169.5cm; Width 72cm; Thickness 19.5cm

原位于新巴尔虎左旗阿木古郎镇将军墓
新巴尔虎左旗文物管理所藏

　　圆首方长方形，正面碑额上书"皇恩"两字，主体碑文为满文，阴刻。碑边缘饰龙纹等。

　　都古尔（1823~1889年），男，呼伦贝尔新巴尔虎左翼正蓝旗乌日恭格苏木人（今乌布尔宝力格苏木），新巴尔虎哈拉宾氏。咸丰二年（1852年），以领催从军。七年（1857年）因在军营出力，升骁骑校，同年九月转升为云骑尉及参领。八年（1858年）六月升佐领。十年（1860年）十月升协领。同治元年（1862年）三月晋荆州副都统，三年（1864年）腊月奉命转任宁夏副都统。五年（1866年）患病，经奏请，命其为在编副都统，待病愈之日随道黑莫嘎将军进剿奉天马匪。同年五月，命其为正蓝旗满洲副都统，六月调任奉天副都统，旋转察哈尔副都统。同年十月，署理察哈尔都统，六年（1867年）六月，都古尔拣放乌兰雅苏台将军。

　　都古尔咸丰二年（1852年）初征河南，继而出征江南。四年（1854年）征山东，在临青州、江南丰县两役中力战有功，由钦差大臣胜保保奏皇帝，赏戴兰翎。五年（1855年）征湖北，六年（1856年）冬末收复湖北汉阳府，继而又奋勇征战，由钦差大臣官文保奏，赏换花翎。七年（1857年）三月在小积湖诸地战役中加倍奋战，亦由官文保奏，命赐芒来巴特尔称号。同年七月力战于黄梅山，又由官文保奏，升任佐领。九年（1859年）四月转战江南安徽，经钦差大臣江北军务总督、荆州将军道黑莫嘎保奏，下旨册封副都统，改换顶戴。同治元年（1862年）在江南安徽诸地战役中作战奋勇，再由道黑莫嘎保奏，下旨赐头品顶戴。三年（1864年）八月攻克宝丰县，亦由道黑莫嘎保奏，颁赐四喜字白玉块、翎管、福字缎袍、荷囊等四项赏物。光绪十二年（1886年）报捐军饷，视为对国家有贡献者，经伊犁将军扬伦保奏，加级一等。都古尔一生征战直隶、山东、安徽、湖北、江西、山西、陕西、甘肃等12个省份，经历大小战斗215次。光绪十五年（1889年）于任内病故，终年67岁。

宗教文物
RELIGIOUS RELICS

　　阿尔山庙和甘珠尔庙是新巴尔虎左旗两处重要的藏传佛教寺院，也是呼伦贝尔草原重要的宗教场所。

As two important temples of Tibetan Buddhism in Xin Barag Banner, Arxiaan Temple and Ganjur Temple are also important religious sites in Hulunbuir Grassland.

毕世谷（音译）
Bishigu

年代不详
通高60.8、口高16.8、口径17厘米
Unknown Age
Full Height 60.8cm; Height of the Mouth 16.8cm;
Mouth Diameter 17cm

新巴尔虎左旗阿尔山庙藏

　　二件。铜质，喇叭形口，口部有四个对称分布的带环纽，纹饰为三重凸弦纹带，上面刻有宝剑纹、卷草纹、花朵纹等。器身呈竹节状，共七节，有九孔，靠近口部的孔不使用。尾部为带链吹嘴，下有两个镂空球形饰，外面装饰四条草叶。彩色布条由口部带环连接到尾部带环。

铜钹

Copper Cymbals

清代
直径35.4、纽径18、厚0.1厘米
Qing Dynasty
Diameter 35.4cm; Diameter of the Raised Holder
18cm; Thickness 0.1cm

新巴尔虎左旗阿尔山庙藏

　　一对。铜质，两件整体皆呈圆形，周边上翘，中央隆起一圆纽，纽中心钻一小孔，贯穿以丝带。一铜钹丝带为浅蓝色，表面有"大明宣德年造"铭，并有双龙戏珠纹饰，纽内侧为黑色。另一铜钹丝带为蓝色，纽内侧绘有法轮纹饰。铜钹为佛教寺院法会所用金属法器之一，两手各持一钹，合击而出声。

铜钹
Copper Cymbals

清代
直径34、纽径16、厚0.1厘米
Qing Dynasty
Diameter 34cm; Diameter of the Raised
Holder 16cm; Thickness 0.1cm

新巴尔虎左旗阿尔山庙藏

　　一对。铜质，两者整体皆呈圆形，周边上翘，中央隆起一圆纽，纽中心钻一小孔，贯穿以丝带。一铜钹丝带为蓝色。另一铜钹丝带为蓝、绿色，纽内侧绘有转经轮图饰。

铜钹

Copper Cymbals

清代
直径35.5、纽径17.5、厚0.1厘米
Qing Dynasty
Diameter 35.5cm; Diameter of the Raised Holder 17.5cm;
Thickness 0.1cm

新巴尔虎左旗阿尔山庙藏

　　一对。铜质，两者整体皆呈圆形，周边上翘，
中央隆起一圆纽，纽中心钻一小孔，贯穿以丝带。
一铜钹丝带残缺，表面有黑色斑驳，纽内侧为黑
色。另一铜钹丝带为黄色，纽内侧有铜锈。

铜曾令
Copper Cymbals

清代
直径35、纽径6.5、厚0.2厘米
Qing Dynasty
Diameter 35cm; Diameter of the Raised Holder
6.5cm; Thickness 0.2cm

新巴尔虎左旗阿尔山庙藏

　　一对。铜质，两者平面皆呈圆形，周边上翘，中央隆起一圆纽，纽中心钻一小孔，贯穿以丝带。一曾令丝带为宝蓝色，另一曾令为浅蓝色。曾令内侧有三圈较宽深色痕迹。曾令为佛教乐器之一，系主持大会时所用，两手各持一曾令，互相擦击鸣奏。

铜盘
Bronze Plate

清代
通高9.4、足高6、口径31.5、足径19.8厘米
Qing Dynasty
Full Height 9.4cm; Height of the Feet 6cm;
Mouth Diameter 31.5cm; Diameter of the
Feet 19.8cm

新巴尔虎左旗阿尔山庙藏

　　器物整体由三部分锤鍱而成，表面镀银。铜盘平面呈圆形，卷沿，盘中部内凹，錾刻一组四爪龙（蟒）纹、云纹，周围錾刻两圈圆圈纹，圈外錾刻一周如意纹，边缘饰如意纹一周。高圈足，圈足由两部分组成，上部分錾刻仰莲纹，下部分錾刻覆莲纹。铜盘是供奉佛像祭品的供盘，使用痕迹明显。

螺号
Shell Trumpet

清代
高4.8、长11、宽6厘米
Qing Dynasty
Height 4.8cm; Length 11cm; Width 6cm

新巴尔虎左旗阿尔山庙藏

　　整体为白色，局部有茶色。开口边缘靠近尖端钻孔，系蓝色丝带，边缘镶铜鎏金，有两个铆钉固定。螺尖修制为直径1.1厘米的圆孔，镶铜鎏金。螺纹为逆时针方向，称左旋海螺。螺身有三个小孔，其中一个有铆钉。

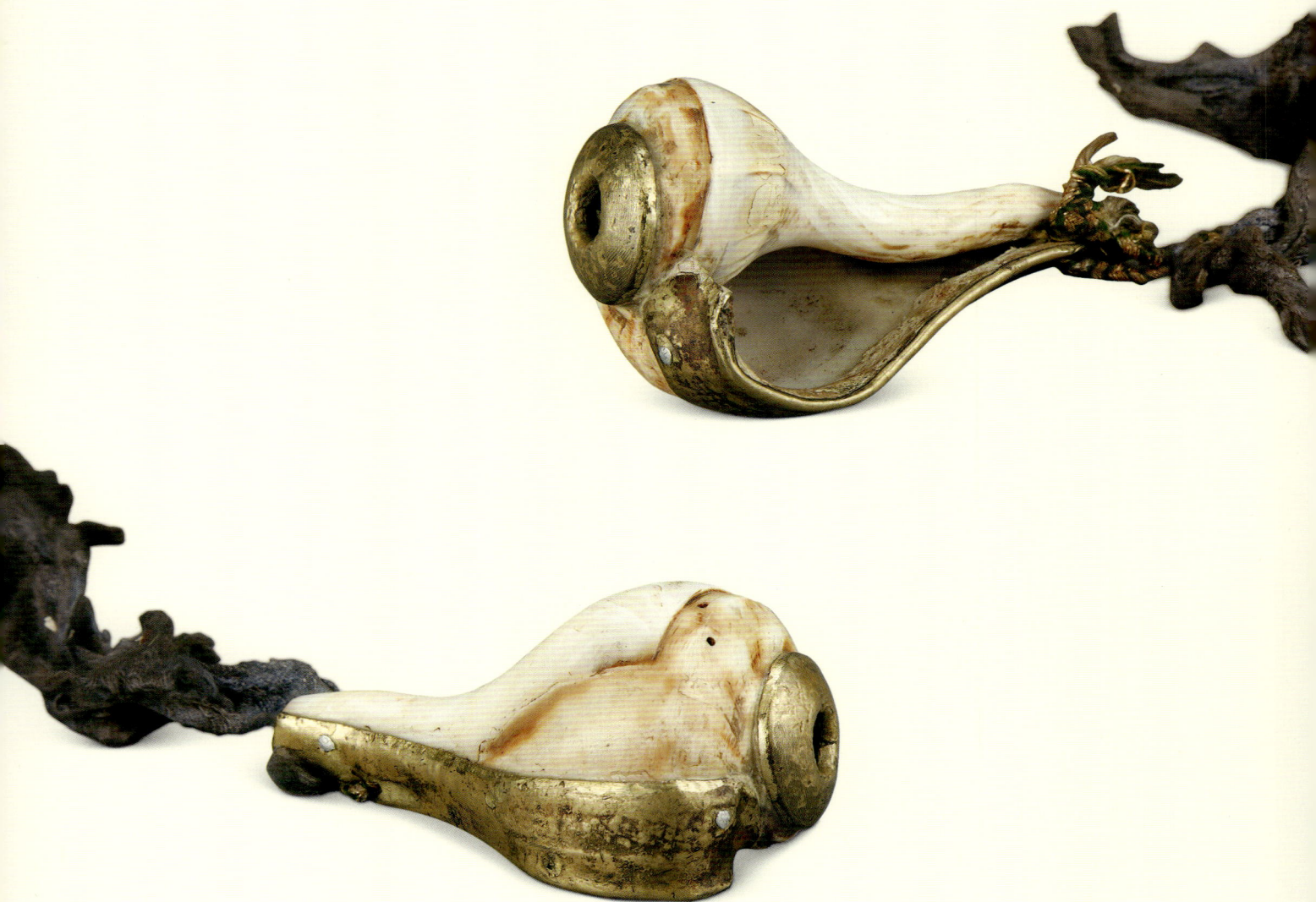

螺号
Shell Trumpet

清代
高8.5、长20、宽10厘米
Qing Dynasty
Height 8.5cm; Length 20cm; Width 10cm

新巴尔虎左旗阿尔山庙藏

法螺外壁呈乳白色，表面有黑色斑点，内壁为粉红色。尖端有圆孔，系蓝色丝带，开口内壁有一道凹痕，螺尖有八道凹痕。螺纹为顺时针方向，称右旋法螺，此种海螺较为稀少，可能被视为具有特殊的法力。螺尖部分修制为直径2.3厘米的圆孔，为吹奏之用。

经卷
Buddhist Text Scroll

年代不详
长15.4、宽9.6厘米
Unknown Age
Length 15.4cm; Width 9.6cm

新巴尔虎左旗阿尔山庙藏

共37页。长方形，金书藏文佛经。蓝色底，外侧包裹锡箔纸，梵贝装帧。此经卷应为1966年前，原阿尔山庙活佛手写而成。

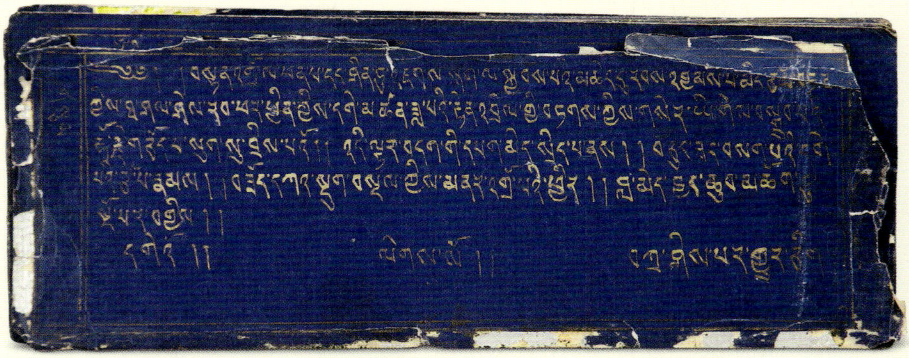

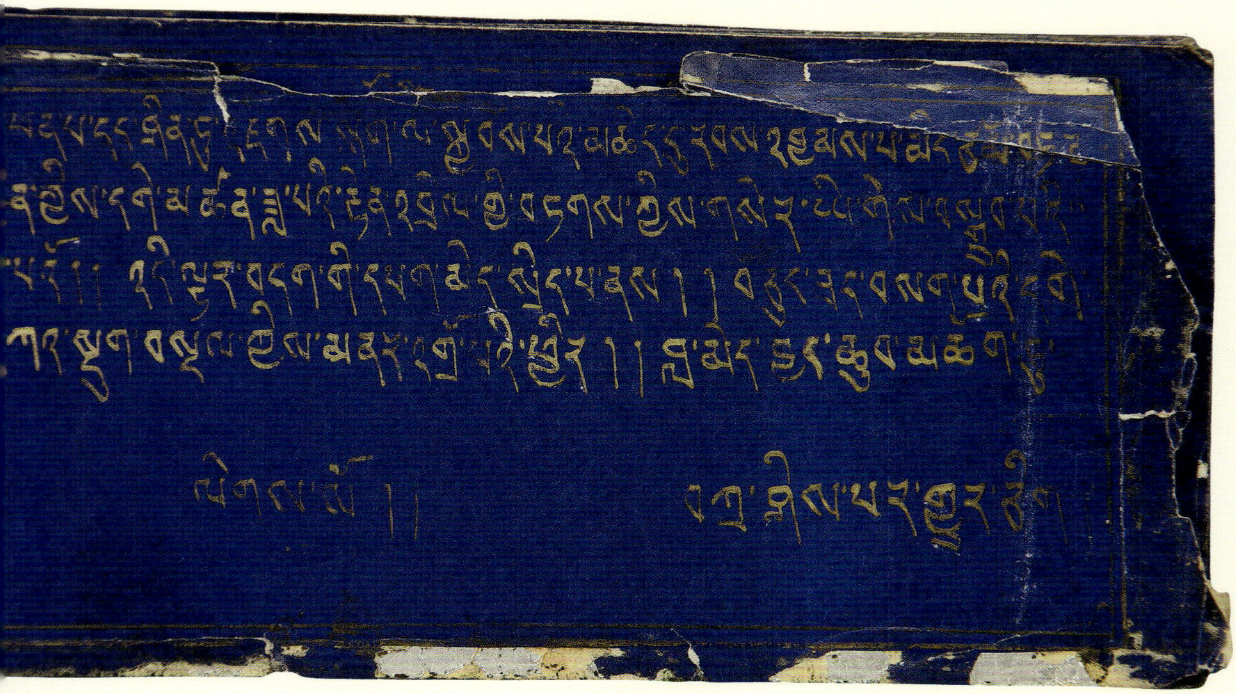

石碑正面（由东南往西北）
Frontage of the Stone Tablet (From Southeast to Northwest)

甘珠尔寺碑记
Tablet Recording Events in Ganjur Temple

1805~1813年
高127.5、宽56、厚14.5厘米
1805–1813
Height 127.5cm; Width 56cm; Thickness 14.5cm

新巴尔虎左旗甘珠尔庙藏

碑首刻"碑记"两字，碑身边缘有一身卷草纹，碑文漶漫不清，可见"大清嘉庆十□年"，背部可见凿刻痕迹。

甘珠尔庙又称寿宁寺,是呼伦贝尔地区最大的藏传佛教寺庙,距阿木古郎镇西北20公里。庙中主供释迦牟尼、官布、扎木苏伦等佛像,由于寿宁寺曾收藏过藏蒙文《甘珠尔经》,故而又得名为"甘珠尔庙"。

此庙于清乾隆三十六年(1771年)御批并由清廷拨银建造。乾隆三十八年(1773年)破土动工。乾隆五十年(1785年),乾隆帝赐庙号并题写"寿宁寺"匾额。该庙前后建11座庙宇、四座庙仓、一百多间伽蓝,总建筑面积一万余平方米。建筑融中原、蒙古、西藏三种风格为一体。庙中喇嘛最多时达四千余名,其中常住庙者四百余名。

石碑背面(由西北往东南)
Back of the Stone Tablet (From Northwest to Southeast)

铁锅
Iron Pot

清代
口径140.5、沿宽2、腹径156厘米
Qing Dynasty
Mouth Diameter 140.5cm; Width of Rim 2cm;
Belly Diameter 156cm

新巴尔虎左旗甘珠尔庙藏

　　圜底，合铸而成。口沿施云雷纹，口沿下有凸、凹弦纹，弦纹下装饰有12种图案，其中可辨认者有藏传佛教吉祥八宝图案中的吉祥结、金法轮、莲花、金鱼等，腹部有一凸棱。

铁锅（由西北往东南）
Iron Pot (From Northwest to Southeast)

铁锅口沿回纹细部
Details of Meander Patterns
on the Rim of Iron Pot

铁锅蒙文刻铭细部
Details of Mongolian
Inscription on the Iron Pot

铁锅蒙文刻铭细部
Details of Mongolian
Inscription on the Iron Pot

铁锅主体装饰纹样细部（依次为顺时针方向）
Details of The Decorative Area of the Iron Pot (Clockwise)

铜锅
Bronze Pot

清代
外径113、深51、沿宽4.1、耳宽11.5、环径2.2、
底厚1.9厘米
Qing Dynasty
Exterior Diameter 113cm; Depth 51cm; Lip Width
4.1cm; Width of the Ears 11.5cm; Diameter of the
Handle Loop 2.2cm; Thickness of Bottom 1.9cm

新巴尔虎左旗甘珠尔庙藏

　　圜底，合铸而成，素面。双环，以铆钉
固定于锅身。

铜锅（由西南往东北）
Bronze Pot (From Southwest to Northeast)

铜锅内部耳部铆钉
Details of Ear Rivets on the Wall of the Bronze Pot

铜锅细部（由南往北）
Details of the Bronze Pot (From South to North)

20世纪60年代庙宇遭到毁灭性破坏，仅留山门。2001年8月30日在甘珠尔庙原址举行隆重的奠基仪式，开始修缮工作，在保留了原南门基址条石的基础上，历时三年，施工11个月，基本完成了甘珠尔庙主体工程建设。

新巴尔虎左旗甘珠尔庙山门（由南往北）
Gate of the Ganjur Temple in Xin Barag Left Banner (From South to North)

新巴尔虎左旗甘珠尔庙南门历史镜头（由南往北）
An Old Picture of the Gate of Ganjur Temple in Xin Barag Left Banner (From South to North)

新巴尔虎左旗甘珠尔庙新山门（地基保留原状，由西北往东南）
New Gate of the Ganjur Temple in Xin Barag Left Banner (The Foundation Has Not Been Changed. From Northwest to Southeast)

新巴尔虎左旗甘珠尔庙新山门（由北往南）
New Gate of the Ganjur Temple in Xin Barag Left
Banner (From North to South)

新巴尔虎左旗甘珠尔庙东侧经架
Eastern Sutra Shelves of the Ganjur Temple in
Xin Barag Left Banner

新巴尔虎左旗甘珠尔庙西侧经架
Western Sutra Shelves of the Ganjur Temple in
Xin Barag Left Banner

新巴尔虎左旗甘珠尔庙西侧经架局部
Details of Western Sutra Shelves of the Ganjur Temple in Xin Barag Left Banner

甘珠尔经经架位于甘珠尔庙东侧、西侧（南北走向）。西侧经架中的经书多可见蓝色丝织品包装。

现新巴尔虎左旗甘珠尔庙藏甘珠尔经为当代印品。

新巴尔虎左旗甘珠尔庙（由西南往东北）
The Ganjur Temple in Xin Barag Left Banner (From Southwest to Northeast)

新巴尔虎左旗甘珠尔庙（由西南往东北）
The Ganjur Temple in Xin Barag Left Banner (From Southwest to Northeast)

近现代
Modern Times

公元19世纪至今
A.D.19C-Now

新巴尔虎左旗有着浓郁的巴尔虎蒙古族传统，其中祭敖包和巴尔虎蒙古服饰尤为突出，从中可以了解蒙古民族的传统生活方式和宗教形态。

There are strong Barag Mongolian traditions in Xin Barag Left Banner, such as sacrificing custom of Oboo and Barag Mongolian costume, from which Mongolian traditional lifestyle and religious belief can be learned.

祭敖包
SACRIFICING CUSTOMS OF OBOO

祭敖包是蒙古民族盛大的祭祀活动之一。祭祀时间并不固定，一般都在农历五月中旬至七、八月举行。祭祀仪式结束后，常举行赛马、射箭和摔跤等竞技活动。

As one of the most important customs of Mongolian people, sacrificing custom of Oboo is flexible in time, generally from the fifth to eighth lunar months. After this sacrificing custom, horse racing, archery and wrestling activities are often held.

新巴尔虎左旗伊和乌拉敖包全景（由东北往西南）
Yih uul Oboo in Xin Barag Left Banner (From Northeast to Southeast)

新巴尔虎左旗伊和乌拉敖包北端骆驼峰（由东北往西南）
Camel-shaped Hill in the North of Yih uul Oboo in Xin Barag
Left Banner (From Northeast to Southeast)

伊和乌拉敖包是当地牧民祭祀的宗教场所。

新巴尔虎左旗伊和乌拉敖包西侧（由西往东）
The Western Side of Yih uul Oboo in Xin Barag Left Banner (From West to East)

"敖包"是蒙语音译，亦作"鄂博"、"脑包"、"堆子"、"石堆"、"鼓包"等。敖包通常设在地面开阔、风景优美的高山或丘陵上，用石头堆成一座圆锥形的实心塔，顶端插着一根长杆，杆头上系着牲畜毛角和经文布条，四面放着烧柏香的垫石。在敖包旁还插满树枝，供有整羊、马奶酒、黄油和奶酪等等。

最初都以部落为单位筑敖包。凡路经敖包，牧民都要下马参拜，祈祷平安。还要往敖包添上几块石头或几捧土，然后跨马上路。随着喇嘛教在蒙古草原的传播，到了清朝时期，出现了以部落为单位，每年举行一次祭敖包会的习俗。

祭祀时，先在敖包上插一树枝或纸旗，树枝上挂五颜六色的布条，旗上写经文。仪式大致有四种：血祭、酒祭、火祭、玉祭。血祭是把宰杀的牛、羊供在敖包之前祭祀。以为牛、羊是天地所赐，只有用牛、羊祭祀才能报答天地之恩。酒祭是把鲜奶、奶油、奶酒洒在敖包上祭祀。火祭是在敖包前笼一堆火，将煮熟的牛、羊肉丸子、肉块投入其中，人们向火叩拜。玉祭是古代人们以最心爱的玉器当供品祭祀。在古代，由萨满教巫师击鼓念咒，膜拜祈祷。在近代，则由喇嘛焚香点火，颂词念经，牧民们围绕敖包，左旋绕行三匝，求神降福，或膜拜祈祷，祈求风调雨顺、人畜平安。

"新巴尔虎左旗旗敖包碑记"称：数百年来，巴尔虎人逐水草而居，敬奉苍天、大地。1734年归清朝营修，设立四旗，并建立了各自的敖包。后因历史变迁、政权更替改为一旗。2003年，甘珠尔庙得以重修之时，由阿尔山庙主持席勒图喇嘛伦登扎木苏指点，在莫能宝格大山举行建旗敖包的法事活动，从原旗、苏木敖包迎来灵气，建立了新巴尔虎左旗旗敖包，又集莫能宝格大山、伊和乌拉、毛盖图宝格大山朗诵经文并祭奠旗敖包。2009年，按照群众的意愿，从全旗各嘎查祭祀地请来圣石、神土重新修建。并定于每年的农历六月十八日为敖包祭祀日。

新巴尔虎左旗旗敖包（由东往西）
Oboo of the Xin Barag Left Banner (From East to West)

　　"那达慕"是蒙语音译，意为"娱乐、游戏"，其前身是蒙古族传统民俗——"祭敖包"。"那达慕"是蒙古族独特的竞技和游艺项目，是蒙古民族思想、习俗和文化的重要载体。它因独特的文化内涵而列入世界非物质文化遗产。

Nadam Fair, meaning "entertainment", or "recreation" in Mongolian, originated from traditional Mongolian custom "Oboo-sacrificing ceremony". As the uniuqe physical and recreationalactivity of Mogolian, Nadam has been inscribed on the Representative List of the Intangible Cultural Heritage of Humanity of UNESCO for its typical features of Mongolian culture.

冬日那达慕
Winter Nadam Fair

蒙古式摔跤
Mongolian Wrestling

巴尔虎传统服饰

TRADITIONAL COSTUME OF BARAG PEOPLE

巴尔虎服饰，包括新巴尔虎和陈巴尔虎服饰，是巴尔虎文化的重要组成部分。从整个款式风格上看，它仍较多地保留着古代蒙古民族的服饰特点和部落服饰的传统风格。

The costume of Barag people, as an important part of Barag culture, contains Xin Barag and Chen Barag costume. It is still keeping traditional characteristics of ancient Mongolian costume and styles of tribes costume.

　　一般说来，巴尔虎蒙古袍的面料有毛料、缎子、丝绸、金丝绒、棉布、羊皮、旱獭皮等。男子主要穿蓝、淡蓝、紫红、深棕色团花缎为面料的长袍和特尔利克（棉、夹长袍的别名），夏季穿白色单衫，靠下腰系橘黄、黄绿、灰蓝色绸类腰带，腰带较为宽长，以上提袍为美。妇女穿红、紫红、绿色绸缎为面料的长袍和特尔利克，靠上腰系紫红、粉红、淡绿色绸类腰带，腰带细而短，使袍子上部贴身为美。未婚女性穿蒙古袍时要系腰带，"布瑟泰混"指的是系腰带的未婚女性。"布瑟贵混"则指不系腰带的已婚妇女。

　　夏季，巴尔虎蒙古族主要穿传统的直身式蒙古袍，这种情况由于种种原因，正逐渐被现代服饰所取代。冬季，巴尔虎牧民和老年人喜穿"翁格查干德勒"（熏皮袍）或白茬皮袍和"胡日艮德勒"（羔羊皮吊面皮袍）、棉袍等。为了保暖，牧民通常在"翁格查干德勒"、"胡日艮德勒"的外面再套上"搭忽"（即达哈，一种毛朝外、皮朝里的对襟皮袍）来抵御风雪。也有在长袍外套穿"胡日末"（类似马褂，对襟、七分袖，用牛犊皮、马驹皮制作，过去还有用狼皮制作的）的。

　　巴尔虎袍服大都使用织锦缎，多用缎子、库锦、绦子、花边等材料镶边。"翁格查干德勒"则多选用黑色大绒、羔羊皮和其他皮毛材料镶边。

　　新巴尔虎直身长袍的特征是镶三道窄边，男女皆如此。这已成为新巴尔虎蒙古族最具代表性的服饰。每道镶边的宽度均在0.3厘米左右，三道窄边相加在一起成为一道宽约1厘米的整体镶边，工艺细腻精湛，朴素大方。新巴尔虎妇女的三道窄边的直身式蒙古袍已有二百多年历史，从前的镶边只是朴素的单道镶边或两道边儿。镶边儿的数量与穿戴者的性别、年龄等有直接关系：三道边主要以"布瑟泰混"（未婚女性）为主，两道边儿主要以"阿巴盖"(已婚妇女)为主，老人的袍服主要采用单道镶边儿。

　　特尔利克也要镶宽沿边儿，袖口为大马蹄袖，妇女长袍的袖子则以齐膝长为美。特尔利克如有一道沿边儿，则在领口、大襟、腋下和腰侧面各钉一道扣袢儿。如有两道沿边儿，则在领口、大襟和腰侧各钉两道扣袢儿。如有三道沿边儿，则在领口、大襟和腰侧各钉三道扣袢儿。巴尔虎蒙古人早先主要穿一道扣袢儿的特尔利克，扣袢儿主要以银、铜、库锦、绸缎、布、皮条制作。

　　巴尔虎服饰讲究"哈巴素"(绗线工艺)、扣袢的缝制以及镶边工艺。"哈巴素"必须直且长，针脚工整。老年人或男性服装使用"乌日根哈巴素"(宽绗法)，年轻人和年轻妇女多使用"尼日罕哈巴素"(窄绗法)，而绗线又以"乌勒格斯太哈巴素"工艺最讲究。扣袢的缝制以直而看不见针脚为美，且要结实。三道窄边儿的制作和缝制工艺则要求笔直。

　　陈巴尔虎人的"胡日艮德勒"是直接在皮子上吊面，不会绗太明显的道子。新巴尔虎人则在吊面皮袍上加一层棉花形成棉皮袍，绗缝工艺也与棉袍一样缝道笔直美观。

　　陈巴尔虎人制作的扣袢长而细，缝制工艺细致，以看不见针脚为美，扣袢始终是直而平滑，在尾部没有明显的疙瘩。新巴尔虎妇女喜欢用镶边和不同颜色和材质的面料制作扣袢，扣袢整齐、修长。她们喜欢用针脚朝向袍面竖起来的工艺来钉扣袢，这样可以看不见缝制的线迹，并在扣袢的尾部捏出一个较小的包，使扣袢形成中间窄两头宽的效果。通常，新巴尔虎蒙古族在袍服上要钉六颗扣袢，前襟三颗、侧襟三颗。陈巴尔虎多在九颗或九颗以上，有的仅在侧襟上就有12颗，分成四组，每组三颗。

　　除了直身袍之外，新巴尔虎已婚妇女还穿着独具特色的"阿巴盖德勒"（已婚妇女的一款袍服）、"哈布其格·塔突戊日"和"敖吉"（长坎肩），并以此为新巴尔虎妇女的标志。陈巴尔虎妇女一般不穿戴此系列服饰。现在，新巴尔虎地区也开始流行穿

"道古勒翰格尔泰敖吉"(琵琶襟短坎肩)，已婚妇女已不怎么穿"阿巴盖德勒"，只穿"敖吉"。此外，新巴尔虎左旗妇女穿布里亚特袍服的现象非常普遍。

"阿巴盖德勒"是新巴尔蒙古族妇女非常独特的袍服，以独特的断腰结构、裙片部分的抽褶、宽大的灯笼式泡泡袖等风格成为巴尔虎部具有代表性的一款袍服，穿上它标志着从少女到妇人的转变。由新娘的母亲用男方送来的聘礼采购面料来制作，并教会女儿缝制。"阿巴盖德勒"在款式、结构上与喀尔喀蒙古族已婚妇女的袍服非常相似。正是在与喀尔喀部的频繁接触中，巴尔虎部的"阿巴盖德勒"逐步形成自己独特的风格并得以传承而保留至今，成为蒙古族服饰当中最独具特色和魅力的袍服之一。

"阿巴盖德勒"要与"敖吉"配套穿着。除了制作袍服，姑娘的母亲还需用婆家送来的银子、珊瑚、玛瑙等贵重金属和珠宝为姑娘定做一套"哈布其格"(发夹)、"塔突戊日"(额箍)、后背和胸部银质垂饰、字勒、图海、吉祥结、手镯、戒指等装饰品。还要用男方送来的牛羊购置四季服装、布帛锦缎、珊瑚、玉石等新娘用品。"哈布其格·塔突戊日"由"哈布其格"(一种发夹)和"塔突戊日"(额箍)两大部分组成。"哈布其格"形状如盘羊角，纯银铸造，上面镶嵌珊瑚、玛瑙等宝石，有些重量可达50两。在新巴尔虎新娘的婚服中，这三件一样不可缺，搭配在一起才是全套盛装。

巴尔虎少女梳后垂式独辫封发，腰系缠身腰带。早先巴尔虎少女有梳数条辫子的习俗，这是古代蒙古少女的发型。新娘子把分好的两股辫子分别包进"哈布其格"中。在蒙古族其他部落中也有戴发套、发夹的习俗，如鄂尔多斯、乌拉特、布里亚特、土尔扈特等部均有此习俗。女性戴头饰除是已婚的标志外，也表示对别人的尊重。新娘子很长一段时间内都必须戴"哈布其格·塔突戊日"，甚至连睡觉都不能摘下。至于何时去除，要由一位德高望重的族人"毕日诺言"来决定。

关于新娘的全套服饰，新巴尔虎的祝颂者们有如下真实的赞述：头上戴的是青鼬貂皮冠，后垂一双美丽的红飘带。还有刻有凸花的银额箍，其上镶嵌大小红珊瑚。面颊两边带的是银发夹，还有雕刻玉花的双发套。手上带的是银手镯和戒指，身上带的是银图海和垂饰。

新巴尔虎新郎要穿华美的绸缎长袍，头戴插有貂尾的圆顶立檐帽，腰挎弓箭和图海、火镰、餐刀、褡裢等，乘骏马前去新娘家接亲。

巴尔虎男子的坎肩，要与长袍形成对比颜色，主要以团花缎为面料，镶有青色绸类沿边儿。在喜庆节日还要穿后边有开衩的马褂。马褂有棉、夹两种。巴尔虎蒙古男子在腰带上挎火镰、餐刀、银图海、鼻烟壶、褡裢等。

古代巴尔虎人以缝合好的两张羊皮，用线绳连起来，扣在头上就成了与蒙古袍相匹配的帽子。如今巴尔虎人帽子的基本款式有：圆顶立檐帽、罕坦帽、陶尔其克帽、风雪帽、毡帽、四楞帽等，帽子的选材有狐狸皮、水獭皮、山狐皮、羊羔皮等，还可在帽子上装饰珊瑚、珍珠、玛瑙等珠宝。一般地，巴尔虎蒙古女人只在冬季才配戴帽子，帽子多以羊皮或羊剪绒等材质制成。在一些正式场合，如每年举行的那达慕、祭敖包及婚礼等社会活动中，已婚巴尔虎蒙古女人都要穿上蒙古袍，还要戴上用白色丝绸制成的方巾，在头部后面系结。这种装束显示了巴尔虎蒙古人对白色的崇尚，有别于其他支系蒙古人。

巴尔虎蒙古人不论男女在夏季均罩头巾。新巴尔虎妇女喜欢围白色头巾，称这种头巾为"上海"。这个名称源于当年这种面料来自上海。此外，在袍服和帽子上镶边时也使用这种白色绸子。

蒙古靴的种类多种多样，有山羊皮外套靴、蒙古靴、软底皮靴、马靴、毡疙瘩、布靴等。巴尔虎蒙古靴子有尖头靴子、香牛皮翘尖靴子、白底靴子、苏格苏勒靴子、毡靴子、苏海靴子等式样。因为长期以来受邻邦俄罗斯人生活习惯的影响，巴尔虎蒙古人大多还爱穿俄式黑马靴。

在历史的进程中，巴尔虎蒙古族服饰受到满族以及中原汉族服饰的影响。今天，巴尔虎蒙古族的日常服饰逐渐被现代服饰取代。尽管在偏远的牧区，除了节日、婚礼、那达慕等重大活动之外，日常生活中已经很少有人再穿日常袍服。

资料采自

苏布德：《巴尔虎蒙古人的服饰》，《呼伦贝尔学院学报》2009年第3期，第5~7页；

青青：《巴尔虎蒙古族服饰研究》，内蒙古师范大学硕士学位论文，2010年4月。

巴尔虎男子服饰
MEN'S COSTUME OF BARAG

巴尔虎老年男子直身袍
Barag Old Men's Robes

主体为深蓝色棉布。长袖，右开襟。领、襟、袖皆以金色布包边。双排扣袢与三排扣袢相间缝制，共十颗银扣袢。夹棉，因缝制表面呈竖线纹，间距大致相等。

巴尔虎老年男子直身袍
Barag Old Men's Robes

主体为黄色，绸缎制作，面料高档。长款直筒式，立领，溜肩，右侧开襟，长袖，袖口外翻呈喇叭状，饰有貂毛。袍面纹饰复杂多样，有花朵纹、折线纹、菱形纹、水波纹、丫形纹等16种，领口和袖口有蓝色筋线包边。袍内以黑缎为衬，领口内侧有蓝色绣花。橘色丝质腰带，系在胯部。

帽子，高档绸缎材质，主体花纹与长袍一致。外沿向上卷起，以貂毛为饰，平顶，上有一结状纽，金底红花，帽沿后部有一舌，舌上有两条红色宽布垂至背部，舌下有一细长三股麻花辫。

脖上挂木制串珠，共109颗，底部缀有橙色吉祥结。

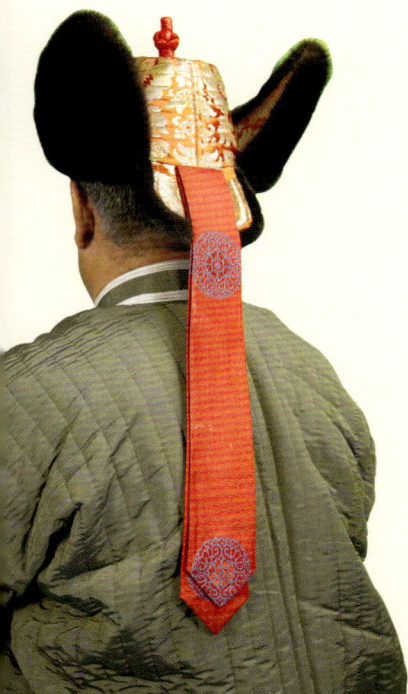

巴尔虎男子长棉袍
Barag Men's Long Cotton-wadded Robes

主体军绿色，面料为渣丝绸（音译），春秋服装。立领，领内里蓝色缎面，溜肩，右开襟，十个白银扣袢，镶边为银色。蓝缎子腰带，长方形，"S"形暗花。

橙色帽子，翻沿貂毛制，金色花草纹，顶部有红色结，后部有两条红色飘带，上有蓝色丝绣花纹。

巴尔虎男青年长袍
Barag Young Men's Robes

　　主体深蓝色，其上有绒面的纹饰，翻卷袖口为貂毛制成。长袖，立领，右开襟。

　　帽子深蓝色，翻沿为貂毛。顶部丝绒，有结，后部有深红色飘带，上面有纹饰。

　　黑色靴子纯手工牛皮制作，素面，靴筒上部有八孔。后跟铁钉缝合，后跟底部加一厚皮掌，起固定作用。

巴尔虎男青年长袍短褂子组合
Barag Young Men's Long Robes and Short Gown

　　长款直筒袍，主体蓝色。立领，溜肩，右侧开襟，配有圆形蔓草纹和吉祥结的暗花，领部和袖口均有橙色筋线包边。长袍以双排盘扣为结，扣结橙色，扣为银珠，上刻五瓣花纹饰。

　　短褂，主体为黑色金丝绒。直筒形，立领，溜肩，长袖，对襟单排盘扣为结，下部两侧有短开衩，内衬绿色提花缎，是穿着在长袍外的蒙古传统服饰。

巴尔虎男子熏皮袍
Barag Men's Fur Robes Making by Smoking

羊羔皮袍子，立领，长袖，右开襟。领、襟、袖口镶棕色边，棕色盘口。棕色腰带。佩带腰刀，刀为铁质炮弹壳制作，刀鞘内有象牙筷子一双，其余部位皆为银制。

山羊皮帽，帽檐外翻，棕色边，系带。毛毡长靴，棕色。

巴尔虎男子达哈
Barag Men's Daha

现在通称"皮大哈"，公羊皮制。外翻圆领，对襟，前面浅色毛，后面深色毛，内里深紫带暗花。黑色帽子，有带子，内里有毛。

巴尔虎男青年长袍
Barag Young Men's Robes

主体为蓝色缎面，长款直筒式。立领，溜肩，长袖，右侧开襟，银色珠状盘扣，衣服上有圆形蔓草纹和吉祥结组合的纹饰。领口、袖口、开襟处均以银线包边。长袍与腰带搭配穿着，腰带为橙色麻质，尾端缀有穗，系在胯部。

巴尔虎女子服饰
WOMEN'S COSTUME OF BARAG

巴尔虎老年妇女直身袍
Barag Old Women's Robes

主体深蓝色，金色镶边。立领，领口有两银扣，右开襟，上有八个银扣，溜肩，内衬上有暗花。橙色腰带，白色头巾。

巴尔虎老年妇女直身袍
Barag Old Women's Robes

　　主体红色绸缎面料，表面光滑。立领，右开襟，银扣，扣上有一银环以方便固定衣服。银扣从上到下以两排三排交替排列，共四组。领部、袖口、衣襟边缘都饰有一周长条绸缎。绿色腰带、白色头巾均与为绸缎制作而成。

巴尔虎老年妇女直身袍
Barag Old Women's Robes

　　主体为紫色棉布，上窄下宽，夹棉，因缝制表面呈竖线纹，间距大致相等。鸡心领，溜肩，长袖，右开襟。领口、袖口、襟边皆以金色布包边。盘扣共四对，三对掐丝瓷扣，一对银扣。

巴尔虎已婚妇女直身袍
Barag Married Women's Robes

　　主体为蓝色丝绸，表面发亮，整体呈筒状。鸡心领，溜肩，长袖，对襟，系带无扣，领、袖、襟以及背后下半部开衩处皆以较宽红布包边。前身下半部对称坠有两串双菱形银饰，菱形上方银链作固定用，下方银穗缀有小鱼。

　　砖茶袋，丝绒质，手工制作，顶部有两个带子。正面为火焰纹，背部为吉祥结纹饰，两侧为卷云纹，底部为菱形纹。

巴尔虎已婚妇女直身袍
Barag Married Women's Robes

　　主体绿色。短立领，长袖，右开襟。镶边为红色，其上有吉祥结纹饰，底边有用蓝、白、红、黄、绿色线缝的三条纹饰。

　　帽子，绿色，用貂毛作翻卷的帽檐，两侧有红色系带。后部有两条红色飘带，上面有三重纹，中间为花草纹，上下部为"<"形纹。顶部有红色结，结的下部为一橙色圆形装饰。

　　银质项链，由五部分组成，各部分之间用圆环连接。最大的一块整体呈山字形，各部分上面均錾刻纹饰。

巴尔虎已婚妇女直身袍
Barag Married Women's Robes

　　主体红色。立领，银扣，右开襟，有花卉纹。镶边上有黄蓝波涛纹、绿底黄色卷云纹、白底蓝花纹三重纹饰。白色头巾，有"Z"字形暗纹。

巴尔虎已婚妇女直身袍
Barag Married Women's Robes

前身为蓝色，背部为紫色，拼接而成。立领，右开襟，泡袖，马蹄形袖口。领、襟、腰、袖装饰以较宽花色丝绸，侧襟共四颗单排扣。

巴尔虎已婚妇女直身袍
Barag Married Women's Robes

正面的左侧紫红色，暗花。右侧为绿色，条带状繁复花纹，红色镶边，腰部有扉边。立领，右开襟，无扣袢，腰部有两个口袋，马蹄袖口，拼接袖。背面为紫红色，暗花。

纯棉头巾，深蓝色、紫红色、浅蓝色相间，长方形，带穗。波勒（假发辫）黑色，下部有银质装饰，吉祥结下有四个穗。波勒为大型活动时所用。

巴尔虎已婚妇女直身袍
Barag Married Women's Robes

前面为绿色，编织花卉纹。立领，泡袖，右开襟，五个扣。腰部有扉边。后面为红色，袖口为貂皮毛。

巴尔虎未婚女子直身袍
Barag Unmarried Young Women's Robes

　　主体为浅黄色缎面，绣以金色花纹。立领，长袖，单排银扣与双排银扣相间缝制。领、襟、袖口包边，12种颜色为一组，多组排列缝制而成。腰带以12种颜色布条缝制而成。
　　圆顶帽，红顶绿檐，顶部有一组状结，帽檐正面镶红色玛瑙，坠以珠饰。

巴尔虎未婚女子直身袍
Barag Unmarried Young Women's Robes

主体为玫红色缎面，表面为金、蓝色圆纹，下有摆。右开襟，泡袖，马蹄形袖口。领、襟、袖、腰部镶绿边。银盘扣有单排和双排两种。

圆帽平顶，红色，饰有金色四叶纹，顶部褶皱，有一玛瑙珠，帽檐外翻，饰以貂毛，帽后缀有一条飘带，红色为底，蓝色云雷纹边。

银质头饰通长22厘米，扎在发辫尾部，将头发穿过银质圆弧来固定，下接花结。花结下饰中国结样式饰件，中间嵌红色珊瑚一颗，下接四条银链，银链下坠心形卷纹。

巴尔虎未婚女子直身袍
Barag Unmarried Women's Robes

　　上部深红色，下部藏蓝色，镶边为绿色。
麻料，立领，长袖，右开襟。白色头巾。

巴尔虎未婚女子直身袍
Barag Unmarried Women's Robes

　　主体为绿色缎面，圆形暗花。溜肩，长袖，右开襟。领、袖、襟、口袋皆以红色宽布包边，红布中央为蓝色卷云纹，边缘绣以红白相间花饰。银质纽扣共五颗。橙色腰带，与头巾一样布料、纹路。白色头巾，"Z"形暗纹。

新巴尔虎女性婚礼服饰
XIN BARAG FEMALE WEDDING COSTUME

包括头饰、长袍、敖吉和古尔等。

头饰
Head Ornaments

头饰包括三部分。

最上部为已婚妇女戴的八折平顶立檐帽。红色缎面饰金色大花和卷叶纹，平圆顶，顶上有圆形银片饰和红色玛瑙珠，帽檐上翻以貂毛为饰，帽后垂一双红飘带至肩部。

帽下为簪花的塔突戊日（银额箍），呈环状套于额部，额前装饰有红珊瑚珠和绿松石，后部缀三枚兽面镂雕银铃铛。

塔突戊日两侧有一对从耳部垂至肩部以下的哈布其格（发夹）。巴尔虎少女出嫁时，把独辫式封发分成左右两条辫子，分别用发夹装饰。此件哈布其格为盘羊角形，银质，由额箍两侧向外延伸，由布带连接固定，背面从头发中间分发后用发卡固定。哈布其格宽而分节，每小节呈长条状，正面、侧面和背面全镶嵌有红珊瑚和绿松石，錾刻卷草纹、梅花纹等图案，底部两节最大，呈凸半圆形，下部还延伸出一截矩形带，连接两条麻花辫，麻花辫尾端有银穗，穗尾有圆形银饰和鱼饰。哈布其格上的小节按九对、七对、五对可分成三个等级。此件哈布其格为七对。

敖吉（外层）
Ojii

敖吉是新娘礼服最外部的一件。

敖吉长款，对襟坎肩式，无领、无袖，上身紧，在腰部有飞边等分割结构，下部为伞裙。主体为黑底缀金色圆圈纹，领口、袖口和开襟处有两指宽的蓝包边和蓝、金色线缝制的卷草花纹，襟部为盘扣，扣结为刻花银珠。

敖吉之上与之配套的银饰称古尔。肩部对称两个月亮形银饰，上垂银色穗。

敖吉胸前挂有银质长命锁，通长40厘米，由上部方形银盒下部心形银盒组成，上有凸出的缠枝花和十字花，长命锁中还装有开光的经卷。

背部有由大到小三块连缀在一起的矩形银牌饰，分别宽21.5、17.5、13.5厘米，上面均有缠枝花卉。

敖吉袖口前的布环上对称挂有两个孛勒，它是属于已婚女子的装饰。通长84厘米，均以一圆形银牌为主体。银牌有三重花纹装饰，最外圈为缠枝花，中圈饰蝴蝶和重圈纹，内圈为重复的心形联珠纹，中部为一红色球形玛瑙，外圈对称四枚圆形绿松石。银牌上部为双菱形环，下为五条银穗，穗尾缀鱼形和喇叭形饰。

新巴尔虎盛装妇女
Xin Barag Woman with Gorgeous Attire

新婚夫妇
Barag Newlyweds

敖吉（外层）
Ojii

　　敖吉丝质，长款马褂式。鸡心领，无袖，对襟盘扣，扣部装饰有银质的吉祥节和球状饰，下部前后衩。敖吉主体为素面蓝色，领口、袖口、腰线和下部衩口处以缎料包边装饰，纹饰从外到内依次为金地红花、金丝折线和银色波浪线等。图为巴尔虎服饰传承人乌仁其木格。

敖吉（外层）
Ojii

　　敖吉棉布质，长款马褂式。无袖，对襟五排单盘扣，背后于腰部开衩，袖口下部前后有四个紫色布环。敖吉主体为藏蓝色素面，领口、袖口、腰线和下部衩口处皆以棉布包边，纹饰从外到内依次为蓝地提花、纵向彩条和金丝波浪纹。

敖吉（外层）
Ojii

　　敖吉丝质，长款马褂式。无袖，对襟盘扣，扣为银质的扁圆形，两扣之间有银色布球状饰，下部开衩，袖口下部前后有花色布环。敖吉主体为黑色，有圆形暗花，领口、袖口、腰线和下部衩口处皆以缎料包边装饰，纹饰从外到内依次为金地红花、金丝缠枝花和银色波浪线等。图为巴尔虎传统服饰制作巧手孟和老人。

巴尔虎妇女达哈
Barag Womens's Daha

女袍兔皮制作，内衬为绿色缎面，金色纹饰。立领，长袖，对襟，暗扣。领、袖口为黑色兔毛。帽子外面为白兔毛，内里为黑兔毛，帽檐外翻，脑后系带。

首饰
Head Ornaments

耳坠，主体绿松石周围有一圈红珊瑚串珠。其上有一个绿松石珠和红珊瑚珠。

戒指，细线环，四个绿松石圆珠分两排，周围有两圈红珊瑚串珠。

发箍，中间为一颗红珊瑚圆形珠，银链上有蝴蝶、元宝、叶子，其下部有两个串饰，用骆驼绒手工制作。

项链由细碎的红色松石组成，中部有两个长方形银饰，其上有纹饰，下部的坠饰为两个绿松石珠、两个红圆珠。

首饰袋
Head Ornaments Bag

近现代
长13、宽11.2厘米
Length 13cm; Width 11.2cm

　　公羊皮手工揉搓制造、缝制，口部有一皮环，近口部有用于封口的黑绳，其上有一穿两孔的白色塑料板。该首饰盒防潮、不褪色的特征显著。

巴尔虎幼儿服饰
BARAG CHILDREN'S COSTUME

巴尔虎幼儿长袍
Barag Children's Long Robes

　　1~3周岁幼儿长袍。蓝色，圆领，右开襟，系带扣，下部开衩。背部有一儿童专用的装饰品，长方形饰上有三个银铃铛和弓箭。

　　皮靴黑色，靴筒上部为毛毡缝制而成，靴筒上部红色绸缎边为露出的袜子，系由山羊皮制成。靴子鞋子部分由牛皮制成，通体用红色线双排缝制，为方便走路，鞋底部由牛皮制成内垫毛毡。

巴尔虎幼儿长袍
Barag Children's Long Robes

　　蓝色夹棉长袍。长袖，右开襟，双排扣与三排扣相间缝制。因缝制表面呈竖线纹，间距大致相等，领、襟、袖口镶银色边。橙色腰带，"Z"形暗纹。橘黄色羊皮小靴。

巴尔虎幼儿长袍
Barag Children's Long Robes

　　蓝色长袍，暗花，白色圆形变形纹。短立领，下部开衩。镶边为金色，上有圆形、四叶形花纹。背部有橙色装饰，红色镶边上有金色纹，其上有包银角的狼牙，两个对称的银质福铃铛、银质弓箭、狼嘎拉哈，内里有绵羊羔毛。

　　山羊羔子皮毛质帽子，山字形，内里深红绣黄花。有两条红、黄相间的线绳作系带。

巴尔虎儿童熏皮袍
Barag Children's Fur Robes Making by Smoking

　　羊羔皮袍子。立领，右开襟，双排盘扣。领、襟、袖口镶黑边。橙色绸缎腰带，"Z"形暗纹。山羊皮帽，立耳。

巴尔虎女童长袍
Barag Girls' Long Robes

　　绿色，正方形交错纹。圆领，右开襟，系带扣。镶边为红色，上有黄、绿、蓝色相间纹饰。背部的弧形银饰上有红、蓝色石珠，左右各一串饰，下面坠铃铛，内里为羊毛。

　　瓜皮状帽子，红色，有暗花，四个金色四出纹。沿上有八个白色毛球饰，顶部有两个毛球坠饰。

巴尔虎女童棉袍
Barag Girl's Cotton-wadded Robes

　　棉布制成，整体为筒状，上稍窄，下微宽，外折领，右斜襟，领部为单排扣，余为双排扣，银扣上装饰红色圆珠。背部装饰祥云绸缎一片，绸缎上部装饰银质卷形波浪纹一圈，中间为一只银鱼，圈下部坠三只银铃。绸缎下部装饰一个弧形长条银饰，下坠一排银串珠，棉袍边缘均饰有银色长条绸缎边。腰带为蓝色绸缎。

附 录
APPENDICES

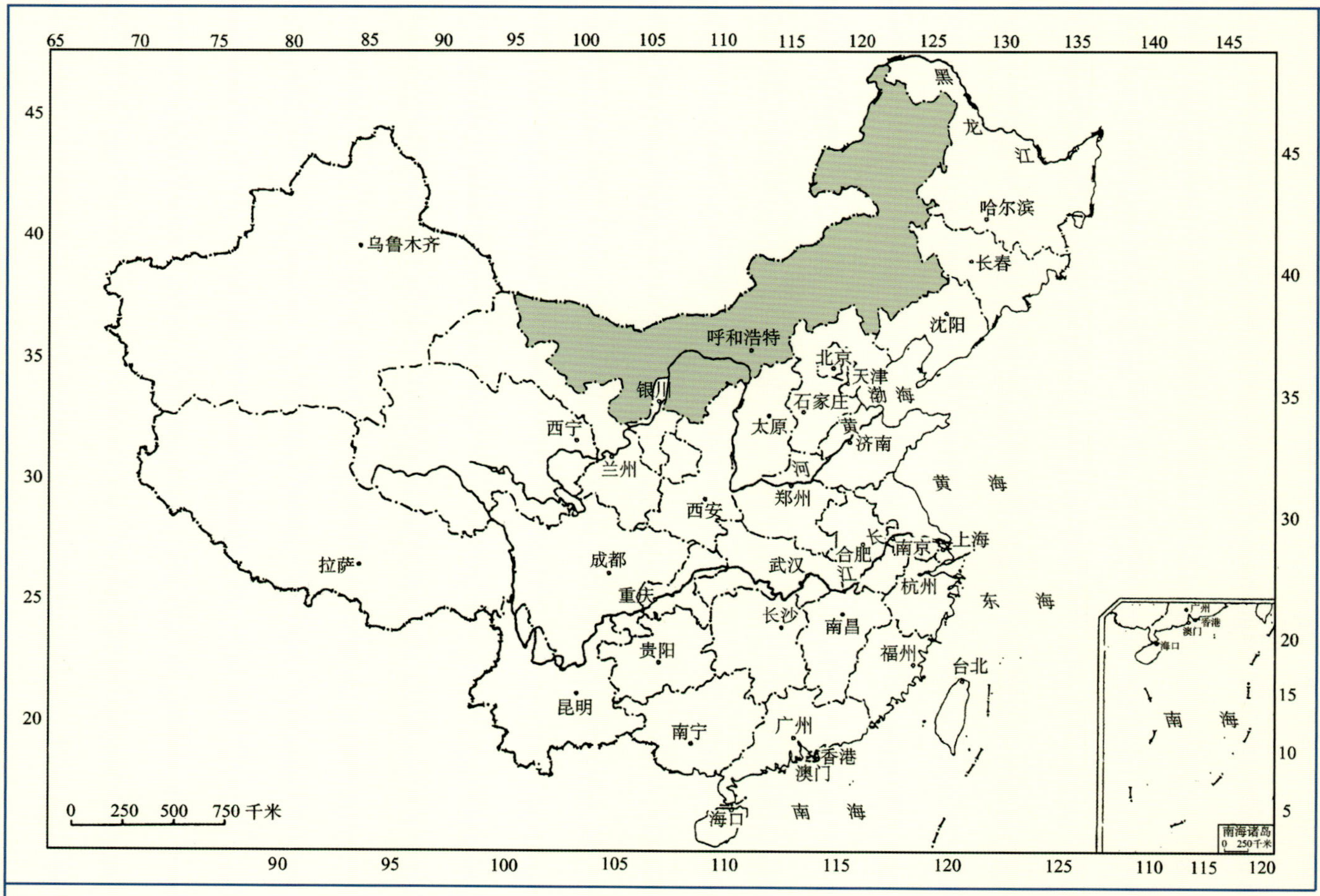

乌鲁木齐
黑龙江
哈尔滨
长春
沈阳
呼和浩特
北京
天津
渤海
银川
石家庄
太原
西宁
黄河
济南
兰州
黄海
郑州
西安
合肥
南京
上海
长江
拉萨
成都
武汉
杭州
东海
重庆
长沙
南昌
贵阳
福州
台北
昆明
南宁
广州
香港
澳门
海口
南海
南海诸岛
0 250 500 750 千米

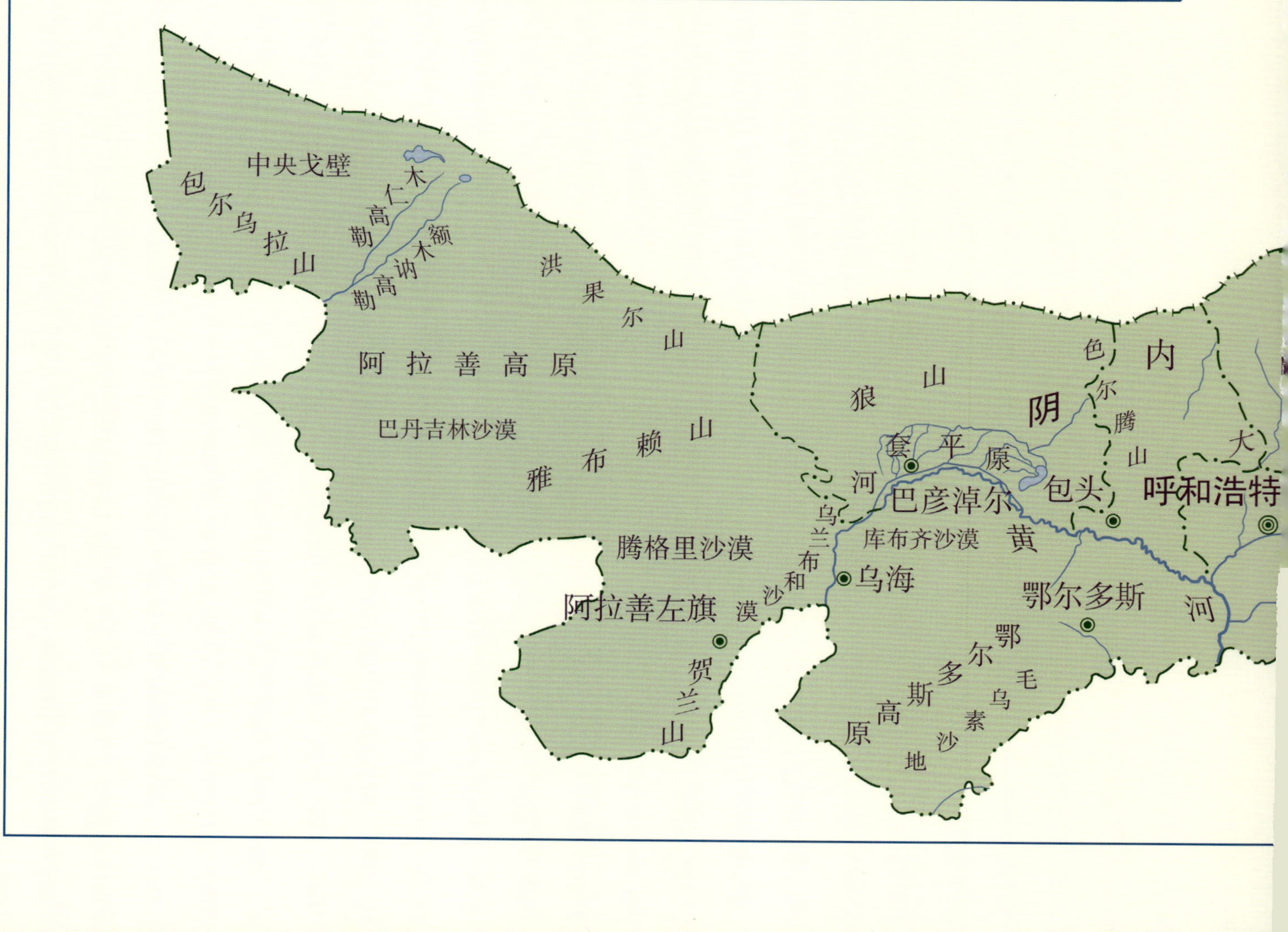

中央戈壁
包尔乌拉山
木仁高勒
额木讷高勒
洪果尔山
阿拉善高原
巴丹吉林沙漠
雅布赖山
狼山
阴山
色尔腾山
内
大
河套平原
巴彦淖尔
包头
呼和浩特
乌兰布和沙漠
腾格里沙漠
库布齐沙漠
黄河
乌海
阿拉善左旗
鄂尔多斯
贺兰山
鄂尔多斯高原
毛乌素沙地

额
尔
古
纳
河

大

嫩

加格达奇 ⊙

呼伦贝尔

诺
敏
河

海拉尔河

甘
河

江

兴

呼伦贝尔高原

呼伦湖

绰
尔
河

安

新巴尔虎左旗

原

乌兰浩特
⊙

高

古

锡林浩特
⊙

岭

通辽
⊙

浑善达克沙地

乌兰察布高原

西
拉

木
伦
河

科尔沁沙地

兰察布

赤峰
⊙

内蒙古自治区新巴尔虎左旗位置示意图

LOCATION OF XIN BARAG LEFT BANNER IN INNER
MONGOLIA ANTONOMOUS REGION

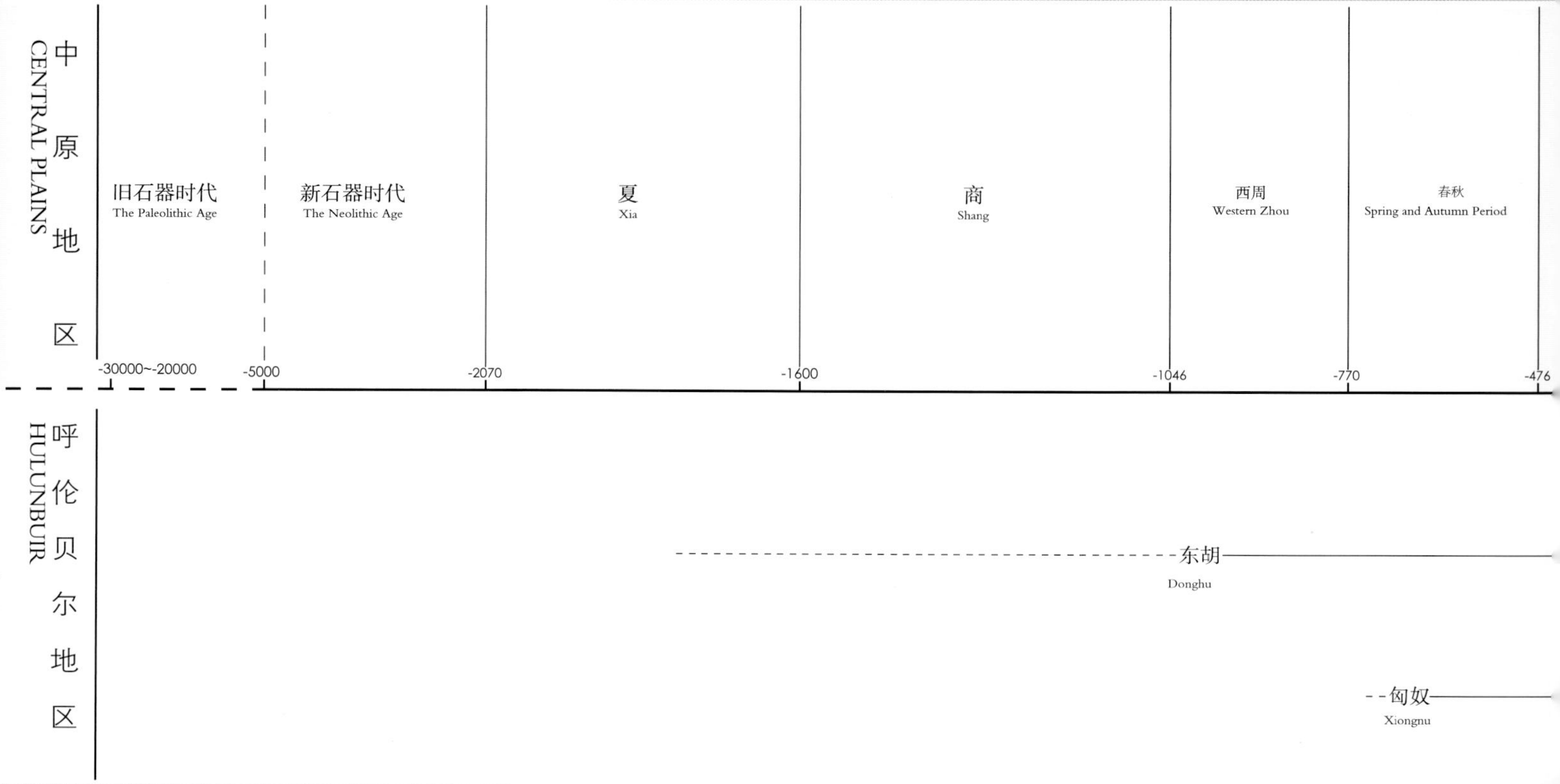

中原地区
CENTRAL PLAINS

| 旧石器时代
The Paleolithic Age | 新石器时代
The Neolithic Age | 夏
Xia | 商
Shang | 西周
Western Zhou | 春秋
Spring and Autumn Period |

-30000~-20000   -5000   -2070   -1600   -1046   -770   -476

呼伦贝尔地区
HULUNBUIR

东胡
Donghu

匈奴
Xiongnu

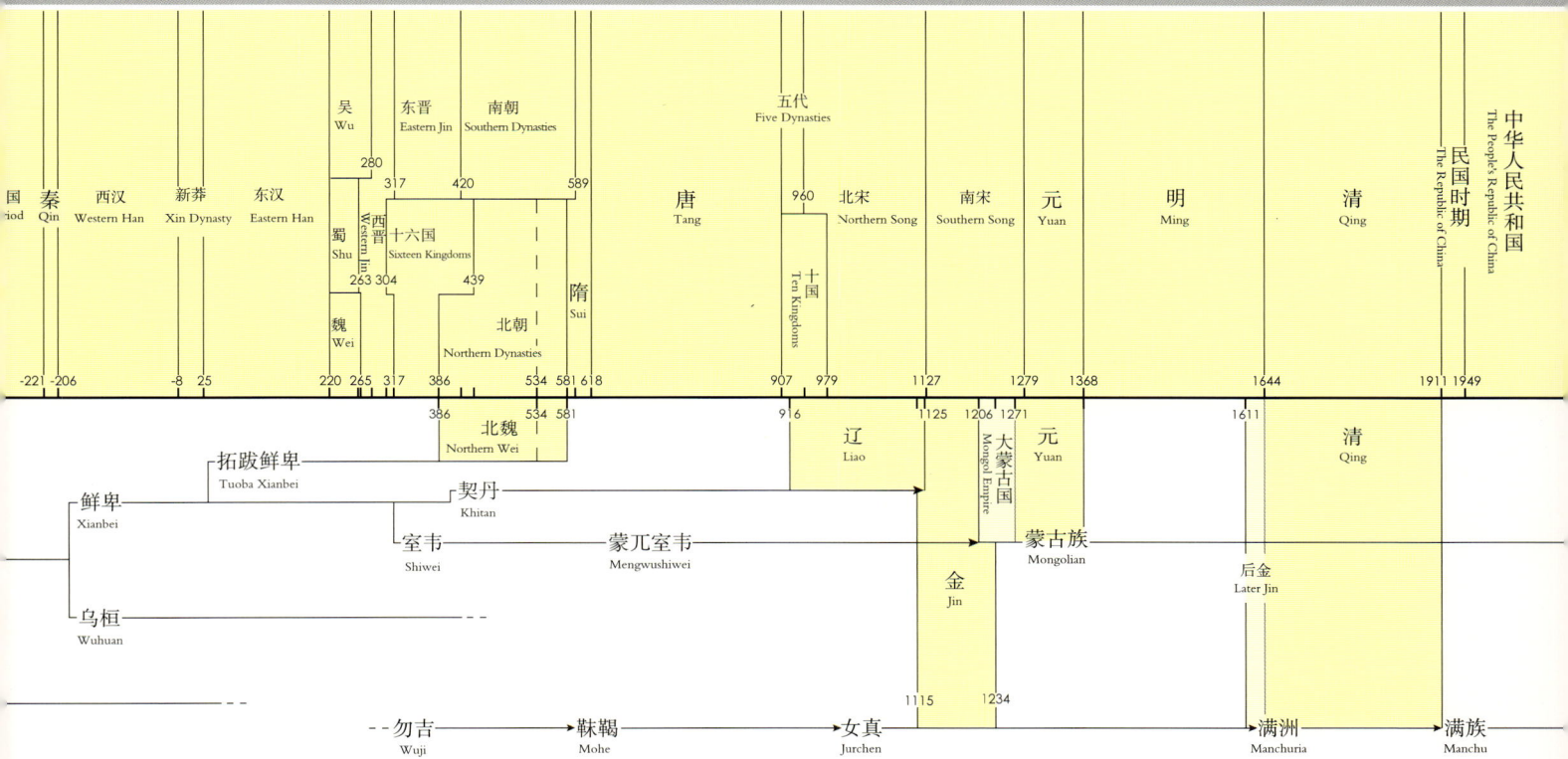

中国历史年代简表
BRIEF CHRONOLOGY OF CHINESE HISTORY

国 Period — 秦 Qin — 西汉 Western Han — 新莽 Xin Dynasty — 东汉 Eastern Han

吴 Wu　280
蜀 Shu　263
魏 Wei　220　265
西晋 Western Jin　317
东晋 Eastern Jin　317
十六国 Sixteen Kingdoms　304　439
南朝 Southern Dynasties　420　589
北朝 Northern Dynasties　534
隋 Sui　581　618

唐 Tang
五代 Five Dynasties　960
十国 Ten Kingdoms
北宋 Northern Song
南宋 Southern Song　1127
元 Yuan　1279　1368
明 Ming
清 Qing　1644
民国时期 The Republic of China　1911　1949
中华人民共和国 The People's Republic of China

-221　-206　　-8　25　　220　265　317　386　　534　581　618　　907　979　1127　1279　1368　1644　1911　1949

鲜卑 Xianbei
拓跋鲜卑 Tuoba Xianbei
契丹 Khitan
室韦 Shiwei — 蒙兀室韦 Mengwushiwei
乌桓 Wuhuan

北魏 Northern Wei　386　581
辽 Liao　916
大蒙古国 Mongol Empire　1206
元 Yuan　1271
蒙古族 Mongolian
金 Jin　1115　1234　1125
清 Qing　1611
后金 Later Jin

勿吉 Wuji — 靺鞨 Mohe — 女真 Jurchen — 满洲 Manchuria — 满族 Manchu

后记 POSTSCRIPT

2012年8月，经中央常委批示，"蒙古族源与元朝帝陵综合研究"作为国家社会科学基金重大委托项目正式立项，为期10年。中国社会科学院科研局作为项目责任单位，中国社会科学院考古研究所、内蒙古自治区文物局、内蒙古呼伦贝尔市人民政府作为项目实施单位。项目实行首席专家负责制，中国考古学会理事长、中国社会科学院学部委员、考古研究所所长王巍研究员，内蒙古蒙古族源博物馆馆长、呼伦贝尔民族历史文化研究院院长孟松林先生担任项目首席专家。根据项目总体要求，在实施过程中坚持以考古学为主导，将呼伦贝尔地区作为工作的重点区域，通过开展系统的田野考古调查和发掘工作，获取与蒙古族源相关的第一手的考古实证资料，由此深入开展多学科综合研究，力争取得具有国际影响力的蒙古族源研究新成果，为维护国家统一、民族团结与文化安全服务。

2013年4月13日，项目首席专家办公会在京召开，决定编辑、出版《呼伦贝尔民族文物考古大系》，拟出版10卷，计划五年内完成。通过系统整理、研究呼伦贝尔市各旗、县、区馆藏文物，包括史前时期文物、历史时期文物、近现代及当代民族文物，选择具有时代特征和民族风格的各类文物标本进行拍摄，撰写文字说明，依时代早晚顺序编排文物图片。就馆藏文物的选编而言，注重表现以下三个方面：一是文物整体与局部的关系；二是同类文物的共性与差异及所反映出的时代演进特征；三是不同类别文物的组合关系，还应包括工艺技术水平、使用功能、地域特征、与中原及周邻地区文化交流关系等。同时，根据全国第三次文物普查资料，选择典型遗址进行外景拍摄，按时代顺序进行编排，充分展示呼伦贝尔地区古代遗存的保存状况及分布规律。书中刊发的图片和文字材料均属原创，在深入研究的基础上对编排体例进行了创新，极大提高了本书的研究利用价值。作为全国首部地市级的民族文物考古大系，对于全方位展示呼伦贝尔地区森林、草原民族独具特色的历史文化遗珍、印证呼伦贝尔作为"游牧民族的历史摇篮"和"中国历史上的一个幽静的后院"的历史地位具有独特的价值。本书的编辑、出版，对蒙古族源的深入探索将发挥重要的奠基作用。书中的序言和概述部分、遗址和文物的名称均为中、英文对照，将扩大本书在国际学术界的影响力。

《呼伦贝尔民族文物考古大系》的策划、编写和出版工作是在王巍所长、孟松林馆长两位首席专家的直接领导下完成的。文物出版社张自成社长、张广然副总编对于本书的出版工作高度重视、全力支持，选派社内骨干团队承担本书的文物摄影及编辑出版任务。在工作组全体成员的共同努力下，2014年1月，《呼伦贝尔民族文物考古大系》陈巴尔虎旗卷和鄂伦春自治旗卷由文物出版社正式出版，因其资料丰富、条理清晰、印制精良，受到学术界的关注和好评，成为国家社会科学基金重大委托项目"蒙古族源与元朝帝陵综合研究"实施以来取得的重要基础性研究成果，人民日报、新华社、光明日报、中国新闻社、中国社会科学报、中国文物报、中国考古网等媒体均刊文报道。在确定继续编辑出版《呼伦贝尔民族文物考古大系》扎赉诺尔区卷和新巴尔虎左旗卷的工作任务后，工作组专门召开会议，认真总结了前两卷的成功经验和需要改进的不足之处，文物出版社艺术图书编辑中心张征雁、李飏两位副主任对编写工作中存在的问题进行逐项指正，进一步完善了编写体例，对参加编写的人员进行了业务培训。此后，项目（北京）办公室主任、中国社会科学院考古研究所刘国祥研究员先后主持召开两次工作会议，讨论扎赉诺尔区卷和新巴尔虎左旗卷所刊发的遗址和文物的断代问题、编写体例，并安排校稿和审稿工作。项目（呼伦贝尔）办公室主任、呼伦贝尔民族博物院白劲松院长负责总体协调工作组在呼伦贝尔期间的日程安排。

2014年6~9月，项目专家组成员、北京大学考古文博学院沈睿文副教授分三次带领中国社会科学院研究生院、北京大学考古文博学院、吉林大学边疆考古研究中心在读硕士和博士研究生，中国社会科学院考古研究所内蒙古第一工作队考古技师，内蒙古博物院、呼伦贝尔民族博物院及扎赉诺尔区、新巴尔虎左旗博物馆的专业人员共同完成了文物、遗址拍摄及文字说明的撰写工作。馆藏文物拍摄工作由文物出版社资料摄影信息中心刘小放主任和青年摄影师唐斌完成，遗址外景拍摄工作由资深文物摄影师庞雷先生和沈睿文副教授完成。中国社会科学院考古研究所科技考古中心刘方研究员完成位置图的绘制，中央民族大学历史文化学院黄义军教授完成遗迹分布图的绘制。中国社会科学院考古研究所科技考古中心王苹副研究馆员采用线描的艺术手法，生动地描绘出巴尔虎蒙古族着盛装的婚礼、摔跤、参加祭火仪式等场景以及呼伦湖冬季捕鱼的壮观场面，为本书增色。年表绘制由北京大学考古文博学院博士生易诗雯同学完成，辽宁师范大学历史文化旅游学院院长田广林教授校正。英文翻译由北京大学考古文博学院硕士生王东同学完成，美国西雅图华盛顿大学艺术史系王海城副教授校正。全书稿件由中国社会科学院考古研究所刘国祥研究员负责审定。

在此向所有关心、支持本书编写、出版工作的领导、专家学者表示感谢！向长期坚持在呼伦贝尔考古文博一线的旗县博物馆同仁表示敬意！向工作组同仁付出的所有辛劳表示诚挚的谢意！由于时间紧、任务重、工作难度大，书中疏漏及不当之处敬请学界同仁批评指正！

在今后的工作中，我们将始终牢记并认真贯彻落实全国政协原副主席、中国社会科学院原院长、项目总顾问陈奎元同志所提出的"精诚合作 不争利益"的原则，在项目首席专家王巍所长和孟松林馆长的领导下，总结经验，开拓创新，强化学术精品意识，将《呼伦贝尔民族文物考古大系》后六卷的工作有序推进，逐一落实。

作为国家社会科学基金重大委托项目，"蒙古族源与元朝帝陵综合研究"项目的实施得到了中共中央宣传部、中国社会科学院、国家文物局、全国哲学社会科学规划管理办公室、中共内蒙古自治区党委、内蒙古自治区人民政府、中共呼伦贝尔市市委和呼伦贝尔市人民政府等相关单位领导的高度重视及大力支持，在此一并致谢！

《呼伦贝尔民族文物考古大系·新巴尔虎左旗卷》，精彩呈现了巴尔虎草原厚重的历史文化底蕴和巴尔虎蒙古族绚丽多姿的民族文化。

编者

2015年1月28日

摄　　影：刘小放　庞　雷

责任印制：梁秋卉

责任编辑：李　飏

图书在版编目（ＣＩＰ）数据

　　呼伦贝尔民族文物考古大系．新巴尔虎左旗卷 ／ 中
国社会科学院考古研究所等主编．－－ 北京 ：文物出版社，
2015.2
　　ISBN 978－7－5010－4233－3

　　Ⅰ．①呼… Ⅱ．①中… Ⅲ．①蒙古族－文物－考古－
新巴尔虎左旗－图集 Ⅳ．①K872.264.2

　　中国版本图书馆CIP数据核字(2015)第036581号

呼伦贝尔民族文物考古大系·新巴尔虎左旗卷

主　　编　中国社会科学院考古研究所
　　　　　　中国社会科学院蒙古族源研究中心
　　　　　　内蒙古自治区文物局
　　　　　　内蒙古蒙古族源博物馆
　　　　　　北京大学考古文博学院
　　　　　　呼伦贝尔民族博物院
出版发行　文物出版社
　　社址　北京市东直门内北小街2号楼
　　网址　www.wenwu.com
　　邮箱　web@wenwu.com
制版印刷　北京图文天地制版印刷有限公司
经　　销　新华书店
开　　本　889×1194　1/16
印　　张　17.25
版　　次　2015年2月第1版
印　　次　2015年2月第1次印刷
书　　号　ISBN 978－7－5010－4233－3
定　　价　380.00元